COMENTÁRIO AO REGIME
PROCESSUAL EXPERIMENTAL

LUÍS FILIPE BRITES LAMEIRAS
Juiz de Direito
Docente do CEJ

COMENTÁRIO AO REGIME PROCESSUAL EXPERIMENTAL

COMENTÁRIO AO REGIME PROCESSUAL EXPERIMENTAL

AUTOR
LUÍS FILIPE BRITES LAMEIRAS

EDITOR
EDIÇÕES ALMEDINA, SA
Rua da Estrela, n.º 6
3000-161 Coimbra
Tel.: 239 851 904
Fax: 239 851 901
www.almedina.net
editora@almedina.net

PRÉ-IMPRESSÃO • IMPRESSÃO • ACABAMENTO
G.C. – GRÁFICA DE COIMBRA, LDA.
Palheira – Assafarge
3001-453 Coimbra
producao@graficadecoimbra.pt

Fevereiro, 2007

DEPÓSITO LEGAL
255298/07

Os dados e as opiniões inseridos na presente publicação
são da exclusiva responsabilidade do(s) seu(s) autor(es).

Toda a reprodução desta obra, por fotocópia ou outro qualquer processo,
sem prévia autorização escrita do Editor,
é ilícita e passível de procedimento judicial contra o infractor.

Ao Bernardo Francisco, meu filho.

À Teresa Maria, minha mulher e amiga.

PREFÁCIO

O Decreto-Lei n.º 108/2006, de 8 de Junho, surge na senda de continuada e penosa reforma da lei de processo civil português, sob a égide da duvidosa asserção de que o malefício congestionamento dos tribunais se pode eliminar pela via exclusiva da alteração das leis de processo e da agilização dos actos processuais.

Alegadamente para fazer face ao recurso massivo aos tribunais por reduzido número de utentes – os chamados litigantes de massa – não obstante a existência para o efeito de uma acção declarativa especial, está em vigor, desde 16 de Outubro de 2006, com aplicação ainda restrita a órgãos jurisdicionais cíveis sedeados em três comarcas do continente e anunciada revisão no prazo de dois anos, o que é designado por regime processual experimental.

Ultrapassada a ideia motivadora deste regime, inspirada em experiência estrangeira extra-europeia, de fazer face à litigância de massa por via de um processo especial, estabeleceu-se como que uma forma processual única de vocação universal, deixando espaço para a dúvida sobre a determinação das normas processuais subsidiárias aplicáveis.

Em visão meramente superficial do respectivo articulado, surpreende-se na sua estrutura, confrontada com o regime decorrente das outras leis de processo, *grosso modo*, a seguinte linha de regulação adjectiva e de princípios inovadores.

Aprofundam-se os deveres de gestão e de agilização processual, intensifica-se a forma electrónica dos actos processuais, implementa-se o dia-a-dia da distribuição, abre-se a página informática para a citação edital, possibilita-se a agregação de acções de um ou mais órgãos jurisdicionais e a desagregação de actos processuais em casos de coligação no mesmo órgão jurisdicional.

Uniformiza-se o prazo de contestação, limitam-se quantitativamente os articulados, antecipa-se o oferecimento da prova, institui-se a petição inicial conjunta para saneamento no quadro da notificação provocatória, acenando-se com a urgência na tramitação sob condição de não haver prova testemunhal a produzir e com a redução da taxa de justiça, em quadro de abstracção da não adesão pelos utentes a similar sistema ainda vigente.

Deixa-se em paz a fase do saneamento e da condensação, na instrução reduz-se e uniformiza-se o número de testemunhas, reforça-se a regra da sua apresentação pelas partes, amplia-se a possibilidade de depoimento escrito e institui-se a acta da sua inquirição por acordo das partes sob o acenar com a vantagem do carácter urgente do processo e da redução da taxa de justiça.

Reduz-se a possibilidade de adiamento da audiência final, é imposta a unificação da discussão de facto e de direito, unifica-se na sentença a decisão da matéria de facto e da matéria de direito com as inerentes dificuldades de articulação, simplifica-se a fundamentação porventura excessivamente, e, nos procedimentos cautelares, possibilita-se a antecipação do juízo sobre a causa principal.

O sistema e a prática judiciária global que temos e o rompante deste novo regime processual experimental vão necessariamente gerar dificuldades da sua aplicação nos tribunais, e daí a magnífica norma de imposição da sua revisão a curto prazo.

É neste quadro circunstancial da nossa vida judiciária que surge o *Comentário ao Regime Processual Experimental*, da autoria de Luís Lameiras, envolvente de análise crítica dos textos, em perspectiva interna e comparativa, alicerçada na sua já longa prática quotidiana de aplicação da lei de processo nos tribunais aos casos submetidos à sua apreciação e na docência que vem fazendo no âmbito da formação dos auditores de justiça.

Ainda estamos na fase inicial dos processos a que é aplicável este novo regime processual, não se conhecem de momento as concretas dificuldades da sua aplicação, mas já o autor deste *Comentário ao Regime Processual Experimental* nos proporciona uma reflexão tão útil quanto necessária sobre a matéria.

Nesta fase de transição do particular para o geral no que concerne âmbito objecto de aplicação deste novo regime processual, este trabalho de Luís Lameiras merece ser lido por quem tem de o interpretar e aplicar, designadamente pelos vários profissionais forenses.

Fevereiro de 2007

SALVADOR PEREIRA NUNES DA COSTA

I – INTRODUÇÃO

1. No passado dia 8 de Junho de 2006 foi publicado, na série I-A do Diário da República, o *surpreendente* Decreto-Lei n.º 108/2006.

É *surpreendente* porque, a pretexto – além do mais – de *assegurar um tratamento específico, no âmbito dos meios jurisdicionais, aos litigantes de massa*[1]*, o que o diploma faz é verdadeiramente revolucionar a disciplina das acções declarativas cíveis, a que se aplica, retirando-as de uma cobertura legal, que sempre conheceram, para as acantonar a uma cobertura judiciária, extremamente fluida e incerta, mas radicada na capacidade e no interesse dos intervenientes forenses em resolver com rapidez, eficiência e justiça os litígios em tribunal*[2].

2. O diploma cria o que chama de regime processual experimental (RPE)[3]. É *experimental* e, por isso, vai-se aplicar apenas em alguns tribunais, os escolhidos por portaria do Ministro da Justiça[4]; além disso, vai-se aplicar às acções e aos procedimentos cautelares propostos a partir de 16 de Outubro 2006 e às acções resultantes da apresentação à distribuição de autos de injunção a partir da mesma data[5]; durante a sua vigência *está garantida* a respectiva avaliação legislativa, através dos serviços do Ministério da Justiça competentes para o efeito; bem como é também – e já – afirmada a sua revisão, no prazo de dois anos, a contar da data da sua entrada em vigor[6, 7].

---

[1] V. texto do respectivo *preâmbulo*.
[2] V. texto do respectivo *preâmbulo*.
[3] V. artigo 1.º *proémio* DL 108/2006.
[4] V. artigo 21.º DL 108/2006. Trata-se da Portaria n.º 955/2006, de 13 Setembro.
[5] V. artigo 22.º DL 108/2006.
[6] V. artigo 20.º DL 108/2006.
[7] Curioso, a este respeito, é também o normativo que, sob a epígrafe de "*Formação*", se contém no artigo 19.º do diploma: "*A aplicação do presente decreto-lei é precedida*

3. Qual é a essência deste (novo) *regime processual*?
O (novo) diploma brinda-nos com algumas surpresas.

A *primeira surpresa* que revela é a de que – afinal e pese todas as expressadas intenções – o novo regime se dirige à generalidade dos *processos declarativos cíveis*, sem considerar outro qualquer factor atendível, como o tipo de providência em causa, o valor dos interesses em jogo – que pode ser um qualquer –, a natureza da relação material que se discuta ou as respectivas especificidades. Queremos com isto dizer que, tirando os casos a que por lei expressa corresponda processo especial[8], a generalidade dos demais – aqueles a que tradicionalmente, nos termos do Código de Processo, corresponde o processo comum[9] – estão virtualmente sujeitos a este (novo) *regime processual*[10]. As três formas de processo comum, tradicionais, do Código de Processo[11], são neste sentido ofuscadas pelo (novo) *regime processual* cuja vocação é a de se lhes sobrepor e de as secundarizar no mundo do judiciário.

O (novo) *regime processual* surge, portanto, com uma vocação universal, destinada a abraçar a generalidade dos *processos declarativos cíveis*, antes cobertos pelo procedimento declarativo comum[12], e que só é atenuada por aquela sua natureza (ainda) *experimental* que limita a sua abrangência (apenas) a alguns tribunais e a um período de tempo que se prevê ser (meramente) o de dois anos.

A *segunda surpresa* tem que ver com a constatação de que, diante de uma tal *vocação universalista*, seria de esperar um diploma bem reflectido e ponderado, aprofundado, verdadeiramente inovador e renovador, auto-suficiente e exaustivo, no que ao tratamento das problemáticas processuais civis diz respeito[13].

---

da realização de acções de formação sobre os mecanismos de agilização e gestão processuais nele previstos".

[8] V. artigo 460.º n.º 2 proémio CPC.

[9] V. artigo 460.º n.º 2 *in fine* CPC.

[10] Além desses, também estão cobertos pelo novo RPE os casos abrangidos pela *acção declarativa especial criada pelo Regime Anexo ao DL n.º 269/98, de 1 Setembro* (artigos 1.º a 5.º).

[11] As formas de processo comum *ordinária, sumária* e *sumaríssima* (artigo 461.º CPC). Também a forma especial do *Regime Anexo ao DL 269/98*.

[12] E pelo especial, citado nas notas anteriores.

[13] O advogado *Ricardo Nascimento* pronunciou-se no sentido de ter sido "*preferível uma verdadeira reforma do Código de Processo Civil, com a inclusão de todos os diplomas avulsos ... Com uma revisão total do Código, podia reforçar-se o poder do juiz*

Ora, não é esse o caso do Decreto-Lei n.º 108/2006, de 8 Junho. O (novo) *regime processual* que este consagra não é auto-suficiente, não dispensa o essencial dos normativos emergentes do Código de Processo Civil – mesmo aqueles relativos a cada uma das formas de processo comum – e contém incursões casuísticas e pontuais no regime tradicional deste que, ou não são verdadeiras inovações, por já constituírem mecanismos disponíveis no Código, ou, se novidades constituem, já a sua aplicação prática se revela de tal maneira problemática que, certamente, os operadores judiciários optarão por, em todos os casos, as evitar, preferindo assim obviar a novas perturbações no processo e outras situações de difícil resolução.

O (novo) *regime processual* representa assim (é esta a nossa leitura) mais um enxerto, agora em forma de experimentação, nos mecanismos jurídico-processuais tradicionais e que, ao invés de desbravar caminho no sentido da (afirmada) *agilização processual*, antes contribuirá para o seu entorpecimento, mediante o surgimento de novas, e cada vez maiores, perturbações e dificuldades na prática judiciária da justiça processual civil[14].

Mas a maior de todas as *surpresas*, a *terceira* na nossa enumeração, é a da própria substância – o conteúdo – do (novo) *regime processual*, revelada pelo sistema normativo emergente do Decreto-Lei n.º 108/2006, de 8 Junho.

Verdadeiramente o que é, ou o que pretende ser, o (novo) *regime processual*, o RPE?

Olhando ao normativo do Decreto-Lei n.º 108/2006 – em particular ao seu *Capítulo III* epigrafado de "*Processo*"[15] – seríamos tentados a dizer que aí se contém uma *nova* forma de processo, que se quis distinta,

---

de direcção do processo, já previsto no artigo 265.º do CPC, bem como o princípio da limitação dos actos que proíbe a prática de actos inúteis, consagrado no artigo. 137.º do CPC e o princípio da adequação formal previsto no artigo 265.º-A do CPC". Assim se evitaria "*a 'manta de retalhos' que configura a dispersão de regimes processuais por diferentes diplomas*" – v "*Regime Processual Civil Especial e Experimental*" in *Verbo Jurídico, Outubro 2006* (www.verbojuridico.net).

[14] Oxalá nos enganemos e que esta *visão catastrófica* – de que já fomos acusados – não venha a ser confirmada pela realidade dos acontecimentos nos tribunais em que a aplicação do RPE está já a ser implementada.

[15] Artigos 8.º e 9.º (*articulados*), 10.º (*saneamento e condensação*), 11.º a 13.º (*instrução*), 14.º (*audiência final*) e 15.º (*sentença*).

e de perfil autónomo[16], relativamente às tradicionais formas de processo declarativas comuns, do Código de Processo Civil. Como que aí se descortina um tipo próprio de *esquema* processual, de modelo único, aparentemente, aquele que agora a lei *tipifica*.

Só que, bem vistas as coisas, a realidade apresenta-se algo diferente.

Tradicionalmente, ao nível do procedimento comum, falar em forma ordinária, sumária ou sumaríssima, remete logo, em cada um dos casos, para um certo esquema processual, tendencialmente fixo, mas *normativamente* ajustado às especificidades das acções a que se aplica. É, no fundo, o seguimento de uma tramitação própria, única e tipificada na lei, a inerente aos pressupostos normativos também rigorosamente delimitados na mesma lei.

Ora, o Decreto-Lei n.º 108/2006, a pretexto de conseguir a *agilização* e a *simplificação* dos procedimentos, e ao flexibilizar o formalismo processual civil, cometendo ao juiz amplos poderes conformadores da tramitação dos actos do processo a realizar[17], veio retirar o (novo) *regime processual* para fora deste quadro tradicional de distinção e repartição das formas do processo.

Deixa de ter interesse a normativização dos pressupostos distintivos das formas comuns. Como, do ponto de vista da lei, se torna de certo modo irrelevante delimitar, em abstracto, os correspondentes esquemas processuais.

A (nova) forma de processo (comum) volve-se, agora, num simples modelo ou paradigma único, que é traçado em abstracto. Mas, e a mais disso, a *forma concreta*, a tramitação processual que se vai aplicar em cada causa, só judicialmente é definida em função das exigências notadas de cada uma.

O critério fundamental[18] é, agora, apenas, o da natureza da acção; importa que se tratem de acções declarativas cíveis.

E se assim for, numa primeira linha, há-de averiguar-se se lhe corresponde algum processo especial[19] – caso em que logo se afasta o (novo) *regime processual*, o RPE[20].

---

[16] Aliás, com sujeição até a uma *distribuição autónoma* (artigo 4.º, n.º 2).
[17] V. artigo 2.º, alínea a), *proémio*, do DL 108/2006.
[18] Que é o estabelecido no artigo 1.º, do DL 108/2006.
[19] Excepção feita à *acção especial* do Regime Anexo ao DL 269/98.
[20] Nesta parte, continua a valer *de pleno* o regime do código de processo, estabelecido no artigo 460.º, n.º 2, *proémio*.

Mas, retirado esse, o processo especial[21], o (novo) *regime processual*, o RPE, cobre todo o restante campo das acções declarativas cíveis. E para estas, para todas as outras acções cíveis, que seguem a *forma experimental* – a que podemos agora chamar de *acções declarativas cíveis comuns na disciplina do DL 108/2006*[22] –, a *tramitação do processo* há-de ser descoberta de um modo simplesmente *casuístico* e *judiciário*, em adequação às especificidades do caso concreto em presença, embora num quadro jurídico que é predefinido como *modelo* ou *padrão* da forma que se tem por *mais desejável*.

Significa isto que a sequência dos actos que o Decreto-Lei n.º 108/2006 estabelece constitui meramente um *paradigma abstracto de tramitação processual*, aquele que é inerente à forma de processo do RPE. As normas que o constituem retratam tudo o que há-de ser a *regra geral* de procedimento na tramitação de uma causa. Mas verdadeiramente o real alcance desta nova forma de processo só se mostra apreensível, em toda a sua plenitude, no contexto do (novo) dever de gestão processual que, no diploma, é também cometido ao juiz.

É um paradigma que ofusca – sem eliminar – as tradicionais formas processuais comuns. O seu conteúdo é constituído *preferencialmente* pelas disposições próprias do Decreto-Lei n.º 108/2006 de 8 Junho; mas, em tudo o que não estiver prevenido nestas, também pelas disposições gerais e comuns do Código de Processo e, ainda, por aquelas que, neste código, se achem estabelecidas para o processo comum ordinário[23].

É por referência a este paradigma – a *forma do processo abstractamente esquematizada* – que o juiz há-de fazer a determinação concreta da tramitação processual a seguir, em cada situação a que o novo regime se aplique.

Nisto se sintetiza a essência do (novo) *regime processual*, o RPE.

Ao invés do formalismo processual civil, estritamente legalista (o princípio da *tipicidade legal das formas de processo*, que se quer agora afastar), diante de uma acção cível, coberta pelo RPE, fica aberto o

---

[21] O próprio texto do DL 108/2006 reconhece, ainda, estas acções cíveis de *processo especial*, por exemplo, nos seus artigos 1.º e 17.º.

[22] Há-de ser esta, aproximadamente, a designação da 11ª espécie na distribuição, a que se refere o artigo 4.º, n.º 2.

[23] Julgamos que aqui é de fazer recurso ao normativo do artigo 463.º, n.º 1, do Código de Processo Civil, mais não seja, por identidade de situações que devem sujeitar-se à mesma solução legal.

horizonte para o juiz poder definir[24] e determinar a tramitação processual concreta, a sequência dos actos a praticar no desenvolvimento da acção, a *forma concretizada do processo* a utilizar.

É portanto este – o juiz – que agora, no enquadramento do RPE e a partir da esquematização por ele concedida, como que constrói e concretiza uma *forma do processo judicial* – a ajustada para cada *acção declarativa cível* coberta por aquele (novo) regime.

E assim – ao menos em tese – como que se podendo descortinar tantas *tramitações concretas de processo* (ou *formas judiciais de processo*) como quantas as *acções declarativas cíveis*, que haja; se bem que todas sujeitas à mesma forma processual, fluida e abstracta, que é aquela consagrada no Decreto-Lei n.º 108/2006.

---

[24] Não só *poder* como *dever*. Trata-se para o magistrado de uma *verdadeira exigência*, imposta pelo artigo 2.º, alínea a), *proémio*, do DL 108/2006.

Afastamo-nos assim da ideia de que o juiz exerce aqui um *poder discricionário*, como parece ser o propugnado por *Mariana França Gouveia in "Regime Processual Experimental Anotado"*, Almedina, 2006, página 34.

II – ÂMBITO DE APLICAÇÃO DO REGIME PROCESSUAL EXPERIMENTAL

1. Âmbito objectivo (artigo 1.º)

1.1. Como dissemos, o Decreto-Lei n.º 108/2006, de 8 de Junho, vem instituir, na ordem jurídica portuguesa, um (novo) paradigma de forma de processo, a par e sem dispensar os esquemas tipificados e tradicionais da nossa lei.

A que acções é aplicável este (novo) *paradigma de forma de processo*?

Como resulta do texto normativo, abrangem-se unicamente as *acções declarativas cíveis*[25]. Excluídas são, portanto, as acções executivas. Excluídos, em parte, também os procedimentos cautelares, os quais apenas ficam acobertados pelo diploma através da aplicação, devidamente adaptada, dos seus arts. 3.º – *prática electrónica dos actos processuais* – e 6.º – *agregação de procedimentos* –[26], e do regime estabelecido no seu art. 16.º – *decisão da causa principal* –. Do universo das acções declarativas, se excluem ainda aquelas a que corresponda processo especial; também estas só acobertadas pelo regime dos mesmos arts. 3.º e 6.º, com as devidas adaptações.

O novo paradigma de forma de processo, que emerge do RPE, aplica-se então às acções declarativas cíveis: (1.º) a que, nos termos do Código de Processo Civil, corresponde a forma comum (ordinária, sumária ou sumaríssima) ou (2.º) a que corresponde a forma especial para o cumprimento de obrigações pecuniárias emergentes de contratos[27].

---

[25] Sobre as espécies das acções, v. o artigo 4.º, do CPC.
[26] V. artigo 17.º DL 108/2006.
[27] O processo declarativo especial do Regime Anexo ao DL n.º 269/98 1 Set., aqui em vista, suportou já diversas alterações legais. Assim, aquele DL foi rectificado pela DR

1.2. Os critérios tradicionais de delimitação das formas processuais, na acção declarativa, acham-se estabelecidos nos artigos 460.º a 462.º do CPC.

A essa luz, o processo de declaração pode ser comum ou especial, sendo especial nos casos expressamente designados na lei[28] e, nos demais casos, comum. Depois, se o valor da causa exceder a alçada da Relação, a forma é ordinária e, se a não exceder, a forma será, por regra, a sumária; mas será a forma sumaríssima se (1) o valor da causa não ultrapassar a alçada da comarca e (2) a acção se destinar ao cumprimento de obrigações pecuniárias, à indemnização por dano ou à entrega de coisas móveis[29]. Distingue-se portanto como critério distintivo fundamental, no quadro do processo comum, o do valor da causa, temperado, depois, mas só para a delimitação da forma sumária e sumaríssima, com algumas finalidades típicas reconhecidas à acção.

Ora, é neste quadro que o Decreto-Lei n.º 108/2006 se interpõe; e, mantendo embora as delimitações clássicas, estabelece que passarão a seguir o novo paradigma de processo – o RPE – todas as acções a que, em princípio, corresponderia a forma comum do Código de Processo Civil e aquelas a que corresponderia a forma própria do anexo ao Decreto-Lei n.º 269/98, de 1 de Setembro.

Independentemente do seu objecto ou do seu valor, todas as acções a que corresponderia o processo comum, ou a apontada forma especial, se vão agora reger pelas regras (únicas) constantes do RPE[30].

16-A/98 30 Set. e, depois disso, alterado pelos DLs n.ºs 383/99 23 Set., 183/00 10 Ago., 323/01 17 Dez., 32/03 17 Fev., 38/03 8 Mar., 324/03 27 Dez. (rectificado pela DR 26/04 24 Fev.), 107/05 1 Jul. (rectificado pela DR 63/05 19 Ago.) e pela L 14/06 26 Abr.

É curioso verificar a *repescagem* que agora volta a ser feita das acções destinadas ao cumprimento de obrigações pecuniárias emergentes de contratos, outra vez, para o processo que aspira agora a ser *o comum*.

[28] V. artigo 460.º, n.º 2, do CPC. O *processo destinado ao cumprimento de obrigações pecuniárias emergentes de contratos*, acima notado, sempre foi, neste quadro, considerado *especial*, atento esse seu fim especificamente apontado na lei (v, artigo 1.º DL 269/98 redacção DL 107/2005 cits.).

[29] V. artigo 462.º, do CPC, redacção DL 375-A/99 20 Set.

[30] V. *Elísio B Maia* e *Inês Setil*, "Breve Comentário ao regime processual experimental aprovado pelo DL n.º 108/2006, de 8/6" in "Scientia Iuridica" Tomo LV, n.º 306, página 324.

2. Âmbito territorial (artigo 21.º)

As acções assim atingidas têm, também, de ter sido interpostas e correr num dos tribunais escolhidos por portaria do Ministro da Justiça. É a Portaria n.º 955/2006, de 13 Setembro, segundo a qual os tribunais em que é implementado o RPE são: (i.) os juízos de competência especializada cível do tribunal da comarca de Almada, (ii.) os juízos cíveis do tribunal da comarca do Porto, (iii.) os juízos de pequena instância cível do tribunal da comarca do Porto e (iv.) os juízos de competência especializada cível do tribunal da comarca do Seixal[31].

Trata-se aparentemente de uma aplicação da lei no espaço meramente transitória, como é assumido expressamente no articulado do diploma. Pelo seu artigo 20.º ficamos a saber que será feita uma avaliação do impacto do novo regime e que, nessa sequência, se prevê a respectiva revisão num prazo de dois anos.

3. Âmbito temporal (artigo 22.º)

Finalmente, as acções acobertadas pelo RPE são apenas aquelas, as acções declarativas cíveis, virtualmente de forma comum, e aquelas a que corresponderia a forma própria do anexo ao Decreto-Lei n.º 269/98, de

---

[31] Fica assim criada uma situação – no mínimo pouco cómoda – de coexistência e diferenciação de regimes jurídico-processuais, *pouco justificável* perante o comum cidadão. A (mesma) acção cível que em Setúbal conhece um certo formalismo, já em Almada conhece um outro, porventura, bem afastado e muito diferente daquele.

E a questão é esta – é a realidade da vida compatível com este tipo de experimentações e testes?

Os interesses do cidadão – aquele a quem a justiça serve – podem ser distinguidos pelo seu espaço de actuação? A dignidade do cidadão do Seixal ou de Almada é diferente da dignidade do cidadão de Lisboa?

Como explicar, então, ao cidadão que demanda dois réus, em duas acções exactamente iguais, mas que por razões de competência vão pender em tribunais diferentes – Seixal e Lisboa –, que num deles as garantias e os direitos processuais são bem distintos, porventura inferiores, aos do outro? Como explicar que num deles pode ampliar o pedido, porventura, pode reconvir ou arrolar vinte testemunhas e no outro não?

Como explicar que o acidente no Porto gera uma acção com forma ordinária, mas que em Almada o mesmo acidente gera uma acção com a forma que emerge de um regime experimental?

1 Setembro, a correrem num dos apontados tribunais, mas só desde que propostas a partir de 16 de Outubro 2006[32].

Significa isto que, mesmo nestes tribunais, da Portaria, vai haver coexistência de formas processuais distintas para situações perfeitamente semelhantes, consoante a propositura das acções tenha lugar antes ou após a data de 16 Outubro 2006.

E *quid juris* se, por exemplo, uma acção comum sumária, interposta após 16 Outubro 2006 em Lisboa, vier a ser remetida para os juízos cíveis do Porto, na sequência da procedência da excepção de incompetência territorial (art. 111.º, n.º 3, CPC)? Qual o esquema processual a aplicar no tribunal competente (?) – aquele que foi seguido até à remessa (o sumário do código de processo), ou aquele que teria sido seguido caso a acção tivesse sido devidamente interposta na comarca competente (o emergente do RPE)?

Com dúvidas, tendemos a responder que o modelo processual a seguir deverá ser o emergente do RPE, com as adaptações e os ajustamentos que o caso justifique.

4. Uma nova espécie na distribuição (artigo 4.º)

4.1. Como necessidade emergente do nascimento desta nova figura processual – a *acção cível* que *não segue uma das formas comuns tradicionais*, mas também *não segue um processo especial* – impôs-se a criação de uma nova espécie na distribuição – a décima primeira, designada por referência ao número do Decreto-Lei 108/2006, de 8 Junho[33].

4.2. O Código de Processo regula o acto da distribuição nos seus artigos 209.º a 227.º. É pela distribuição que se consegue uma repartição igualitária do serviço do tribunal, atribuindo a cada secção, vara e juízo, um número semelhante de processos (artigo 209.º, CPC).

Até agora, as espécies sujeitas à distribuição constavam elencadas nos dez números do artigo 222.º, do CPC, sendo a este preceito que é

---

[32] Ou sejam resultantes da apresentação à distribuição de *autos de injunção* a partir dessa mesma data.

[33] V. artigo 4.º, n.º 2, DL 108/2006. Já acima adiantámos, para este efeito, uma designação possível – *acções declarativas cíveis comuns na disciplina do DL 108/2006, de 8 Junho*.

acrescentado o (novo) décimo primeiro número, correspondente à (nova) acção cível coberta pelo RPE.

4.3. Curioso é que, a coberto desta necessidade, seja ainda parcialmente derrogado o regime tradicional do acto da distribuição, estabelecido no Código de Processo. O acto da distribuição, nos termos deste, tem lugar duas vezes por semana, às 2ªˢ feiras e às 5ªˢ feiras (artigo 214.º, n.º 1). Mas agora, por força dos n.ºˢ 1 e 4 do artigo 4.º do Decreto-Lei n.º 108/06, a distribuição de todos os papéis[34] a ela sujeitos há-de ser feita diariamente (n.ºˢ 1 e 3)[35].

Claro está que a vigência deste normativo inovador está definido no espaço e no tempo, sendo aplicável *apenas* às acções propostas a partir de 16 Outubro 2006 (artigo 22.º) e apenas nos tribunais determinados por Portaria do Ministro da Justiça (artigo 21.º n.º 1), isto é, aos juízos de competência especializada cível da comarca de Almada, aos juízos cíveis e aos juízos de pequena instância cível do Porto e aos juízos de competência especializada cível da comarca do Seixal (cit. Portaria n.º 955//2006, de 13 Setembro).

Mas – como dito – é aplicável a *todos* os papéis; com isto se querendo sublinhar que a sua abrangência é completa, superando o RPE e até os próprios procedimentos especiais referidos no artigo 17.º, do Decreto-Lei n.º 108/06.

5. Regime processual experimental e acções declarativas cíveis a que corresponda processo especial (artigo 17.º).

5.1. No essencial, as acções cobertas por processo especial[36] estão a salvo do novo regime experimental. Têm-se aqui em vista, basicamente, as *acções declarativas cíveis a que corresponda processo especial*, que

---

[34] Portanto também as *acções de processo especial* (espécie 4ª), *execuções* (espécies 6ª e 7ª) e todos os demais papéis sujeitos a distribuição e elencados no cit. artigo 222.º CPC. Não já – naturalmente – *acções ordinárias, sumárias e sumaríssimas* (espécies 1ª, 2ª e 3ª), posto que estas são *integralmente* substituídas pelas *acções declarativas cíveis comuns na disciplina do DL 108/2006, de 8 Junho* (espécie 11ª).

[35] Continuando o acto, em tudo o mais, subordinado à disciplina do Código de Processo Civil.

[36] Ressalvadas, como dito, as acções do Regime Anexo ao DL 269/98.

o artigo 1.º do Decreto-Lei n.º 108/2006 explicitamente quis excluir do *objecto* do decreto-lei e que são aquelas a que, nos termos do código de processo, correspondem os *casos aí expressamente designados*[37].

Todavia, se propostas a partir de 16 Outubro 2006[38] num dos tribunais da Portaria[39], *mesmo essas acções* ficam sujeitas ao (novo) regime previsto nos artigos 3.º e 6.º, com as devidas adaptações – é o que diz o artigo 17.º do Decreto-Lei n.º 108/2006, de 8 Junho. Significa isto que os actos processuais, que aí devam ser praticados por escrito, o devem ser electronicamente, nos termos definidos por portaria do Ministro da Justiça[40]; bem como que, em tais acções, é admitida a (nova) faculdade da agregação de acções[41],[42].

De igual modo, e como dissemos, ficam ainda tais acções cobertas pela (nova) distribuição diária, estabelecida no artigo 4.º, n.º 1, do diploma, e por via do n.º 3 do mesmo artigo.

5.2. Dúvida pode haver ainda sobre se essas *acções de processo especial* estão ou não, também, cobertas *pelo novo regime da citação edital*, estabelecido no artigo 5.º do Decreto-Lei n.º 108/2006[43].

Parece-nos que sim. O n.º 4 desse artigo 5.º prescreve que *o disposto no presente artigo se aplica a todas as acções em que há lugar à citação edital*. A remissão legal não distingue o tipo de acções[44]; e daí que, à semelhança do que acontece no acto da distribuição[45], nos pareça que,

---

[37] Cit. artigo 460.º, n.º 2, *proémio*, do CPC.
[38] Cit. artigo 22.º DL 108/2006.
[39] Cit. artigo 21.º, n.º 1, DL 108/2006.
[40] É o artigo 3.º DL 108/2006, a que adiante nos referimos.
[41] É o artigo 6.º DL 108/2006, a que – também – adiante nos referimos.
[42] Questão é a de saber por que, por exemplo, também se não estendeu a estas *acções especiais* o mecanismo da *prática de actos em separado* ou *desagregação*, como já é conhecido, estabelecido no artigo 7.º DL 108/2006. A resposta afigura-se-nos ser esta – sendo pressuposto desse mecanismo *unicamente* a coligação (inicial ou sucessiva) e a situação prevista no artigo 274.º, n.º 4, CPC, e estando em causa *processos especiais* de que, por regra, estão arredados esses institutos (artigos 31.º, n.º 1, *proémio*, e 274.º, n.º 3, *proémio*, CPC) terá parecido ao legislador inconveniente essa extensão.

Seja como for, a norma do artigo 17.º DL 108/06 deve ter-se por *excepcional* e, dessa forma, limitada às extensões que expressamente estabelece (artigo 11.º do Código Civil).

[43] E já regulamentado pela Portaria 1097/2006, de 13 Outubro.
[44] Acções declarativas ou executivas, de forma comum ou especial.
[45] Que se aplica a *todos os papéis* (artigo 4.º, n.º 3, cit.).

desde que acobertadas pelo tempo e pelo espaço de aplicação do (novo) diploma, às acções especiais seja igualmente aplicável a (nova) disciplina da citação edital, por força da remissão – agora – contida no seu artigo 5.º, n.º 4.

6. Regime processual experimental e procedimentos cautelares (artigos 16.º, 17.º e 22.º)

6.1. O Decreto-Lei n.º 108/2006, de 8 Junho, refere-se *expressamente* aos procedimentos cautelares em três normativos do seu articulado.

Em *1.º lugar* refere-se-lhes no artigo 22.º para esclarecer que o diploma se aplica aos propostos a partir de 16 Outubro 2006[46].

Em *2.º lugar* refere-se-lhes no artigo 17.º para esclarecer que a esses – a que o (novo) diploma dá cobertura – se aplica, com as devidas adaptações, o regime previsto nos artigos 3.º e 6.º; portanto, o regime da prática electrónica dos actos escritos; e o mecanismo da agregação (aqui) de procedimentos cautelares[47].

Mas é no artigo 16.º – o *3.º lugar* no nosso elenco – que a referência assume o maior relevo e a maior importância. Nesse preceito se estabelece que, *quando tenham sido trazidos ao procedimento cautelar os elementos necessários à resolução definitiva do caso, o tribunal pode, ouvidas as partes, antecipar o juízo sobre a causa principal.*

6.2. Qual o alcance deste normativo no âmbito processual civil?

O regime do artigo 16.º é inovatório[48] e, porventura, constitui um dos aspectos do DL 108/2006, de 8 Junho, a exigir maiores cuidados e cautelas.

O que se diz é que é permitido ao tribunal onde corre a marcha da instância, *ao invés de proferir a decisão cautelar*, peticionada pelo requerente e que justificou a interposição do procedimento, proferir desde logo a decisão definitiva ou, como diz a lei, *antecipar o juízo sobre a causa*

---

[46] Importando aí acrescentar – e desde que intentados num dos tribunais da Portaria 955/06 (artigo 21.º, n.º 1, cit.)

[47] A questão da *citação edital* (artigo 5.º DL 108/2006) já aqui se não coloca dado que – como é sabido – no domínio cautelar não é admissível esse tipo de citação (v. artigo 385.º, n.º 4, do Código de Processo Civil).

[48] Pelo menos, na tradição do nosso direito processual civil.

principal. Para tanto é necessário (1) que as partes sejam ouvidas e (2) que tenham sido trazidos ao procedimento cautelar os elementos necessários à resolução definitiva do caso.

Questão é a de saber *para o que é que as partes hão-de ser ouvidas* (?) Apenas para dizerem se concordam ou não com a antecipação ou – porventura – para algum outro efeito (?)

Em *Seminário* sobre o Regime Processual Experimental, no CEJ, em 19 e 20 de Outubro de 2006, *Carlos Lopes do Rego* adiantou que esta audição deve também justificar--se pela possibilidade, que as partes hão--de *necessariamente* ter, para acrescentarem aos autos todos os elementos probatórios, de que foram privadas pela circunstância de litigarem no quadro de uma providência cautelar, e diante do risco de sucumbência inerente à decisão da causa principal. É esta, de facto, uma exigência inquestionável do novo regime, à luz da tutela de um princípio fundamental de *confiança* de quem litigou sob o risco de uma sucumbência meramente *cautelar* e se vê agora defrontado por um risco de sucumbência *definitiva*.

Questão é, ainda, a de saber se, reunidos aqueles dois pressupostos, o tribunal *pode* ou o tribunal *deve*. Aliás será sempre passível de dúvida a atitude a tomar pelo tribunal diante da oposição de uma das partes (em regra, do requerido da providência, embora se não deva afastar liminarmente a hipótese de uma oposição da parte do requerente) à utilização deste mecanismo.

Em nossa opinião, a decisão do juiz em que *opta* por antecipar ou não o juízo sobre a causa principal, desde que reunidos os requisitos da lei, deve ter-se por proferida no *uso de um poder discricionário* (artigo 156.º, n.º 4, *in fine*, do Código de Processo Civil) e, portanto, insindicável. Todavia, sempre pode ser interposto recurso para se discutir a verificação ou não daqueles requisitos.

Outras questões relevantes serão a de saber *em que momento processual* é que o juiz deve fazer operar o mecanismo da convolação (?); a de saber se, optando o juiz pela efectiva antecipação do juízo sobre a causa principal, deve – ainda assim – proferir, ou não, alguma decisão meramente cautelar (?); e a de saber – enfim – qual a dimensão jurídica dessa decisão *definitiva* proferida no enquadramento *cautelar* (?).

Quanto à 1ª questão, não vemos outro momento que não, e apenas, o da fase de julgamento do procedimento cautelar, por só aí as partes terem a oportunidade de adequadamente se pronunciar sobre o problema; quanto à 2ª, parece-nos que sob pena de denegação da tutela cautelar, não deve o juiz deixar de *responder* à pretensão (cautelar) que lhe foi dirigida (suponha-se um caso em que o *juízo definitivo* para ser formulado exija a produção de outra prova, demorada e não compatível com as exigências cautelares, ou ainda que, mesmo que formulado esse juízo, ele não transite em julgado, por dele ser interposto recurso ordinário, que pode também ser demorado); quanto à 3ª, pensamos que, após a convolação, a decisão dada há-de ter a mesma exacta dimensão que qualquer decisão (virtual) a ser proferida em processo principal, envolvendo os mesmos efeitos jurídicos e direitos processuais para as partes (por exemplo, para ela não vigorando qualquer limitação ao seu recurso como, para as meras cautelares, estabelece o artigo 387.º-A do Código de Processo Civil).

6.3. O acolhimento, pelo processo civil, de um normativo da índole daquele que emerge do artigo 16.º, em análise, deixa-nos marcadas reservas[49]. É que a alternativa é problemática – ou o normativo não é implementado na prática, e então era desnecessário tê-lo como lei; ou o normativo é ali implementado, e então ficam naturalmente desvirtuadas a natureza e a matriz próprias do procedimento cautelar[50].

6.4. Permite a lei processual civil a existência de um *procedimento cautelar* que dispense uma *acção principal*?

É uma pergunta que se tem de colocar e que, liminarmente, tem de merecer a resposta certa e inequívoca de que *tal não é possível*. Juridicamente não é concebível um procedimento cautelar desacompanhado da acção de que depende. O procedimento cautelar – diz o artigo 383.º, n.º 1, do CPC – é sempre dependência da causa que tenha por fundamento o direito acautelado. Por isso é que o procedimento cautelar se extingue e, quando decretada, a providência caduca se o requerente não propuser a acção da qual a providência depende dentro de um certo prazo – imperativo – e que é o definido no artigo 389.º, n.ºˢ 1, alínea a), e 2, do CPC.

---

[49] *Lopes do Rego* no sobredito *Seminário* pronunciou-se criticamente sobre o novo regime explicitando a sua utilização apenas em situações pontuais e subordinada a muitas cautelas, correndo-se o risco – se for banalizado o seu uso – de preterição de direitos essenciais com tutela constitucional.

[50] Veja-se, desde logo, a frontal quebra da disposição do artigo 383.º, n.º 4, do Código de Processo Civil.

Estas regras não conhecem nenhuma excepção na lei. E nem aqueles casos, às vezes referidos, de providência destinada à tutela da qualidade de vida, habitação e saúde pública[51]; ou ainda aqueles de providência destinada a impedir a realização em determinado dia de uma assembleia--geral ilegalmente convocada ou de um concerto de música também em certo dia[52], servem para ilustrar uma tal excepção. Mesmo nestes casos, em que a execução material da providência assegura, de facto, o interesse do requerente, se deve reconhecer a caducidade desta, na falta de uma acção principal. E, se caducidade houver, tal gera, do ponto de vista jurídico, um vazio no alicerce do acto material executivo da providência caducada, isto é, o acto executivo da providência revela-se como acto ilícito – desconforme à lei por destituído de suporte jurídico – ficando, dessa forma, aberta ao requerido a porta da responsabilidade civil que o artigo 390.º, n.º 1, do CPC tem em vista.

Fácil é configurar uma acção de responsabilidade, assim fundada, num caso de uma providência ordenatória da não realização, por exemplo, de um evento musical ou de um jogo de futebol. Executada a providência e não havendo acção principal, confirmatória daquele acto, onde os interesses em presença pudessem ser discutidos de uma forma mais exaustiva e atenta, simples é conjecturar os prejuízos que, aliados à ilicitude da providência emergente da sua caducidade, fazem nascer a obrigação de indemnizar, na esfera do requerente, com o correspectivo direito de crédito indemnizatório na esfera do requerido.

---

[51] Tratam-se de situações habitualmente tratadas pelo Ministério Público. Por exemplo, casos de pessoas que acumulam no seu domicílio lixo (papéis, latas, móveis velhos, electrodomésticos velhos, etc.) ou que possuem nele um elevado número de cães ou gatos. Nestes casos, habitualmente o MP interpõe procedimento cautelar com vista à cessação das causas dos riscos para a saúde pública, maus cheiros e remoção do lixo e animais.
  Decidida favoravelmente, e executada, esta providência, decorre inútil a interposição de uma acção principal?... Sem embargo dos entendimentos de que, efectuada cautelarmente a limpeza da residência, o direito à saúde e qualidade de vida fica assegurado, respondemos que não. Compete ainda assim a acção principal, ao menos, como confirmatória e formuladora de um *juízo definitivo* sobre aquela questão.
  Posição diferente tem, porém, *João Alves in "O MP no foro cível. A utilização do RPE do DL 108/2006 de 8/6" in Scientia Iuridica Julho – Setembro 2006, Tomo LV, página 455*.

[52] Estes exemplos são dados por *Mariana França Gouveia in obra citada, página 153*, como casos em que *o conflito de interesses fica sanado e o direito do requerente plenamente satisfeito com o decretamento da providência cautelar.*

É, de facto, no processo principal que o mesmo interesse, *provisoriamente* acautelado na providência, vai ser objecto de discussão contraditória, atenta e exaustiva e, dessa forma, definitiva[53]. Repare-se que, sem aquele processo, a abordagem judiciária nunca supera um patamar de superficialidade, bem podendo acontecer que a aparência do direito não seja confirmada pela apreciação, mais atenta, das provas.

No procedimento cautelar, tudo é mais simples e sumário. É sumária a alegação dos factos, como é sumária a prova do direito que o requerente deve propor[54]; é sumária e limitada[55], ainda, a exigência probatória do juiz e o critério da livre apreciação será, neste caso, um critério sempre mais flexível do que aquele que é usado nas acções comuns[56].

Isto posto, resta o reconhecimento de que, ou o procedimento obedece à matriz que lhe é própria – e então só com ligeireza nele podemos chegar à decisão da causa principal –, ou no procedimento se aprofunda a discussão contraditória – e então, nele se podendo chegar à decisão definitiva, a sua matriz tradicional é, na mesma medida, desvirtuada –.

6.5. Acrescentaremos mais.

A ideia ínsita neste artigo 16.º, para o procedimento civil, retrata uma cultura que se tem vindo a instalar na prática judiciária, traduzível no uso e abuso do procedimento cautelar, como sucedâneo de acções principais, e de molde a contornar as demoras sentidas no desenrolar das acções. Com a colaboração dos juízes, a quem calham os processos, as partes tendem a avançar com pretensões cautelares – mesmo sem a reunião dos necessários requisitos – e, depois, nelas a empreender discussões exaustivas e aprofundadas da prova e da matéria de facto.

Ora, este desvirtuamento tem de se combatido, ao menos no quadro que ainda temos, e nos rege, do direito processual civil. E tem de ser

---

[53] No procedimento cautelar o tratamento das questões é sempre simplificado com uma natural diminuição de garantias às partes, justificada com o cariz urgente daquele. Por isso, os próprios interessados litigam nesse pressuposto, ajustando os seus procedimentos à previsão do risco de sucumbência possível em cada caso.

Torna-se assim difícil compreender a *convolução* – litiga-se na suposição de um certo risco (cautelar) de sucumbência mas, afinal, chega-se depois a uma decisão final definitiva e concretizadora de um outro risco de sucumbência, bem mais gravoso do que aquele primeiro ...

[54] V artigo 384.º, n.º 1, do CPC.

[55] Consonante com a natureza cautelar, provisória e urgente da figura.

[56] V artigo 304.º, n.º 5, *ex vi* artigo 384.º, n.º 3, do CPC.

combatido com a ideia segura de que, quem pede em tribunal uma certa pretensão cautelar, tem de se conformar com as regras jurídico-processuais e com os procedimentos que são os inerentes à sua matriz[57].

Não faz sentido, diante de uma pretensão meramente cautelar, concluir por uma decisão definitiva da causa principal, quando toda a discussão obedeceu, precisamente, àquela matriz de urgência e de sumariedade – salvo, e voltamos a dizê-lo, a hipótese do desvirtuamento da razão cautelar.

Dir-se-á que a (exigida) *audição das partes* permite salvaguardar estas perplexidades, assim manifestadas. Só que, ou as partes se opõem à *convolação*[58], que o art. 16.º permite, e então parece desaconselhável realizá-la num quadro de discussão sumária do pleito; ou elas – ambas – a aceitam, mas aí, então, o que se passa é que *é por força da vontade das partes*[59] que o litígio fica resolvido com definitividade[60].

6.6. Quando é que, então, são *trazidos ao procedimento cautelar os elementos necessários à resolução definitiva do caso?*

Em nossa opinião só num único caso – *quando o procedimento cautelar é desvirtuado*. Ou, dito de outro modo, no quadro da matriz própria do procedimento cautelar – *nunca*.

O normativo deste artigo 16.º há-de representar, então, aquele tipo de situações em que, num quadro cautelar, acaba por ser introduzir uma matriz de acção comum, articulando factos, produzindo e apreciando provas com o rigor, cautelas e exactidão inerentes a esta. Só aí – a nosso ver – será possível considerar reunidos os elementos necessários à resolução definitiva do caso[61].

---

[57] Isto é, com os critérios de urgência, de simplificação e de sumariedade, a todos os níveis.

[58] Ao menos, o *requerido*, a quem a decisão cautelar / definitiva vai ser presumidamente desfavorável.

[59] Vontade que pode ser alicerçada nas provas sumárias, compatíveis com a acção cautelar. Seja como for, aí a fonte da resolução final e definitiva do caso radica, mais do que propriamente na decisão do juiz, na vontade que é manifestada pelas partes, em aceitarem essa decisão como resolução definitiva.

[60] Será uma situação próxima de uma *transacção* realizada no quadro de um procedimento cautelar. O acto é naturalmente admitido – desde que os interesses sejam disponíveis – e, por regra, se o fizerem, as partes o que quererão é proceder à resolução definitiva do litígio que as envolve.

[61] *Lopes do Rego* no sobredito *Seminário* propugnou duas ideias fundamentais a este respeito. Em 1.º lugar, a de que o regime do artigo 16.º só é compatível com

6.7. Diríamos, finalmente, o seguinte.

Se o normativo admite, *no quadro do procedimento cautelar*, que o tribunal – ouvidas as partes – antecipe o juízo definitivo, se tiver os elementos necessários a essa resolução definitiva, *não se vê então* porque é que não se há-de admitir que, sob a veste de um procedimento cautelar, e logo no requerimento inicial, *o requerente peça essa tutela definitiva*, propondo-se adiantar ao tribunal todos os elementos necessários para o efeito[62],[63] ...

---

procedimentos cautelares de índole *antecipatória* (aqueles em que a decisão se traduza na antecipação da realização do direito que previsivelmente será reconhecido na decisão definitiva), dada a diversidade acentuada que caracteriza, quer o objecto, quer o fundamento, das providências de índole *conservatória* relativamente às respectivas decisões definitivas. Em 2.º lugar a de que o mesmo regime só é compatível com os casos em que o procedimento cautelar é instaurado já na pendência da acção principal e é, portanto, um incidente desta (artigo 383.º, n.º 1, *in fine*, CPC) por só aí ser possível *adquirir*, desta para aquela – e só numa fase já avançada da principal –, os (tais) *elementos necessários à resolução definitiva do caso*.

[62] E aceitando, depois, o requerido assim discutir, fundado numa marcha processual *urgente*, própria da acção cautelar, mas com exaustão bastante para conseguir a resolução definitiva do caso.

[63] Será isto possível? Respondemos que não, seguramente. Opiniões temos ouvido também no sentido de que este pedido, de tutela definitiva, é inadmissível.

Mas então compreendemos mal que, na pendência do procedimento, essa mesma pretensão de tutela definitiva já seja admissível – basta, para tanto, a reunião dos requisitos do artigo 16.º DL 108/06 ...

III – A NATUREZA DO REGIME PROCESSUAL EXPERIMENTAL (ARTIGO 2.º)

1. Na nossa leitura, a matriz do regime processual experimental radica basicamente naquilo que a lei chama de (novo) dever de gestão processual e cuja inovação fundamental se traduz no afastamento da tradicional *tipicidade legal* das formas do processo.

É uma matriz que – a nosso ver – tem o seu núcleo essencial no artigo 2.º, alínea a), primeira parte, do Decreto-Lei n.º 108/2006, de 8 Junho[64].

2. Inserido nas *disposições gerais* do Decreto-Lei n.º 108/2006, o seu artigo 2.º constitui, verdadeiramente, o preceito mais importante e fundamental do diploma, sendo nele que se encontra o *normativo agregador* de toda a filosofia e do sentido que se pretenderam imprimir ao regime processual experimental.

Diríamos que ele sintetiza toda a (nova) disciplina consignada, estando as mais disposições normativas da lei (no essencial) na sua directa dependência e não mais representando do que *pontos* para lhe dar o apoio necessário à satisfação do objectivo que o justifica.

O artigo 2.º concentra, de facto, em si, aquilo a que chama de *dever de gestão processual* do juiz. Nesse sentido começa por dizer que o juiz dirige o processo (*proémio*); para depois estabelecer – exemplificativamente – que:

(1.º) O juiz deve *adoptar* a tramitação processual adequada às especificidades da causa (alínea a), *proémio*);

(2.º) O juiz deve *adaptar* o conteúdo e a forma dos actos processuais ao fim que visam atingir (alínea a), *in fine*);

---

[64] A alínea a) deste artigo 2.º tem a redacção rectificada pela Declaração de Rectificação n.º 48/2006, de 7 de Agosto.

(3.º) O juiz deve garantir que não são praticados actos inúteis e deve recusar o que for impertinente ou meramente dilatório (alínea b));
(4.º) O juiz deve adoptar os mecanismos de agilização processual previstos na lei (alínea c)).

Ou seja, o juiz enquanto opera a condução do processo *deve* fazer um certo número de coisas – muitas e variadas, de natureza aliás distinta – as quais, no seu todo, constituem o seu dever geral de gestão.

3. Que o juiz dirige do processo, não encerra qualquer novidade.

O Código de Processo Civil já o estabelece, em particular, no seu artigo 265.º, epigrafado de *"Poder de direcção do processo e princípio do inquisitório"*. Ao juiz cumpre (1.º) providenciar pelo andamento regular e célere do processo, (2.º) promover oficiosamente as diligências necessárias ao normal prosseguimento da acção e (3.º) recusar o que for impertinente ou meramente dilatório[65]. Além disso, impõe-se ao juiz que providencie, mesmo oficiosamente, pelo suprimento da falta de pressupostos processuais susceptíveis de sanação, quer determinando a realização dos actos necessários à regularização da instância, quer convidando as partes a praticá-los, se estiver em causa alguma modificação subjectiva da instância[66]. Finalmente, ao juiz incumbe realizar ou ordenar, mesmo oficiosamente, todas as diligências necessárias ao apuramento da verdade e à justa composição do litígio, quanto aos factos de que lhe é lícito conhecer[67].

Configurados, assim e além do mais, os poderes directivos e operacionais do juiz no Código de Processo Civil, resta descortinar a inovação que há-de haver subjacente ao RPE.

A reafirmação de que *o juiz dirige o processo*, no quadro do novo paradigma de esquema processual, há-de querer ser um sinal de aprofundamento, neste caso, dos seus poderes operativos e oficiosos de gestão, de modo a garantir com uma maior eficácia a regularidade da marcha processual e a obtenção do resultado justo. Há-de pois ser o sublinhar de uma filosofia que, já existindo, se vê que, de certo modo e porventura, não tem sido implementada em todo o seu alcance, assim se acentuando traços que possibilitem reanimá-la, com outro vigor.

---

[65] V. artigo 265.º, n.º 1, do CPC.
[66] V. artigo 265.º, n.º 2, do CPC.
[67] V. artigo 265.º, n.º 3, do CPC.

Importa, porém, descobrir se será apenas isto ...
E – na leitura que fazemos – não nos parece que seja ...

4. O preceito nuclear e fundamentalíssimo do (novo) regime processual experimental contém-se, como dissemos, na primeira parte do artigo 2.º alínea a) do DL n.º 108/2006, de 8 Junho.

Trata-se de normativo que se dirige à marcha do processo, à tramitação processual, à sequência de actos que importa praticar nos autos.

Aí se diz que ao juiz compete adoptar a tramitação processual adequada às especificidades da causa. Repare-se que já não é só o tradicional *princípio da adequação formal*, estatuído no artigo 265.º-A do Código de Processo, segundo o qual (só) quando reconhecido que *a tramitação processual prevista na lei* se não adequa às especificidades da causa deve o juiz ajustar a sequência processual e os actos ao fim do processo. É – agora – muito mais do que isso: o novo regime – o RPE – como que *subordina* a tramitação prevista na lei e a ela *sobrepõe* aquela que o juiz entenda em seu critério dever estabelecer, no cumprimento da obrigação normativa de, por decisão sua, adoptar a sequência de actos concretamente mais ajustada ao caso.

Significa isto que na forma do processo, prevista no RPE, se abandona a legalidade / tipicidade emergente das normas jurídico-processuais para passar a radicar-se numa decisão jurisdicional, sempre única e concreta, reportada só àqueles autos específicos.

Diríamos que, mesmo quando o juiz adere à *tramitação estabelecida pela lei*, no quadro do RPE, ainda aí, o alicerce de legitimidade dessa concreta tramitação, da (nova) forma de processo, não resulta rigorosamente da lei, mas da decisão – que pode até ser meramente tácita – que facultou essa adesão como a mais ajustada naquele caso concreto. Neste contexto o *erro na forma do processo* não é, aí, tanto retratado pelo desvio à *forma legal*, mas é constituído agora por um desvio à *forma judiciariamente ordenada*.

É o juiz que dirige o processo e ajusta a sequência dos actos a praticar – pelas partes e por si próprio – às especificidades de cada causa e de cada processo; e nisto radica a essência do (novo) regime processual experimental.

Ao invés do antigamente, a lei não manda ajustar a tramitação processual prevista na lei às especificidades da causa concreta; o que a lei manda é que, diante da causa concreta – de cada processo –, o juiz – de modo activo e positivo – descubra e determine a tramitação processual mais ajustada a ela. Sendo essa a tramitação que densifica a *forma de processo* do caso.

Trata-se assim de um poder de amplíssimas dimensões, de um poder vasto e indeterminado, no sentido de que, só diante de cada situação, se justificará a adopção[68] concreta de uma sequência de actos, específica e única, e que importará casuisticamente determinar.

5. Questão será a da definição do critério de escolha – de adopção – da concreta e casuística marcha processual. Qual o critério a que o juiz há-de apelar para proceder à sua escolha em cada caso?

Que pontos de referência há-de ter, que lhe permitam discernir o tipo de actos, e a sequência de actos, que se hão-de concretamente, e em cada caso, praticar?[69]

É a seguinte a nossa opinião, a este respeito.

Estamos no domínio do direito processual civil, que é um direito instrumental e cuja função é adjectivar o direito substantivo. Com o processo visa-se, no essencial, obter do competente órgão jurisdicional uma pronúncia com a força de caso julgado material. No dizer da lei trata-se de *no processo obter, com brevidade e eficácia, a justa composição do litígio.*

É esta a letra do art. 266.º, n.º 1, *in fine*, do Código de Processo Civil. Naturalmente que este desiderato há-de ser atingido, sempre, em obediência e respeito ao conjunto de ditames e princípios basilares, que mesmo o novo diploma não veio, nem quis (segundo pensamos), afastar e que subjazem a toda a ordem jurídico-processual.

Acresce, por outro lado, que o próprio Decreto-Lei n.º 108/2006, de 8 Junho, contém normas relativas à marcha do processo, apontando a

---

[68] É esta – *adopção* de uma tramitação – a letra da lei; não falando a lei em *adaptação* de uma tramitação (esta última consonante, sim, mas com o *princípio da adequação formal* do artigo 265.º-A CPC).

[69] Sublinhamos aqui uma ideia que ouvimos propugnar no *Seminário*, no CEJ, e que nos parece fundamental – a de que, independentemente do(s) critério(s) a seguir, importará ao juiz rodear-se neste campo de acrescidas *cautelas* por causa da (virtual) reacção que as partes podem ter face à sua *nova atitude*; deve o juiz esforçar-se aqui particularmente por explicar a *convolação* que faça (e sempre que a faça) às partes – seja por escrito, seja verbalmente – e, bem assim, a razão de ser da sua nova atitude, de maneira a conseguir convencê-las, e também a co-responsabilizá-las, na inovatória modificação.

uma certa sequência de actos, *que tem por paradigma* – no contexto do RPE –, destinada a atingir os fins do processo[70].

Acresce, finalmente, ser inequívoca a constatação de que a forma processual civil modelar – portanto aquela que, em geral, de modo mais seguro e exaustivo, garante e salvaguarda as finalidades do processo e os interesses das partes envolvidas – é a *forma de processo comum ordinária*, com todas as normas aplicáveis, regulada no Código de Processo.

Ora, são estes os pontos de apoio fundamentais que vislumbramos dispor o juiz para poder descortinar a tramitação processual adequada às especificidades da causa.

Supondo que ao processo concreto é ajustada a marcha processual estabelecida no próprio Decreto-Lei n.º 108/2006 – nos seus artigos 8.º a 15.º – há-de ser essa que será seguida, *e sem outras justificações*. Nesse caso, não deixa de haver – à mesma – uma *adesão judiciária* a uma certa tramitação processual[71], só que é uma adesão revelada por uma espécie de *decisão tácita do juiz* – como que, por inércia (nada se decidindo em contrário), há-de aplicar-se a tramitação que é narrada naquele diploma legal.

Já, por exemplo, a complexidade do caso ou a relevância das excepções deduzidas pelo réu, em contestação, pode aconselhar um ajustamento daquela *tramitação-de-base* de modo a permitir actos que esta desconhece – por exemplo, uma réplica, à semelhança da acção ordinária do Código de Processo. Aqui, há-de ser uma *decisão expressa* do juiz que há-de ajustar a tramitação, nesses termos, ao caso em presença.

Seja como for, tudo acontece no amplo quadro facultado pela alínea a) 1ª parte do artigo 2.º do Decreto-Lei n.º 108/2006. E é este que – em cada caso, em cada processo, repetimo-lo – é o decisivo.

6. Esta visão das coisas traz, como é bom de ver, imensos problemas.

E desde logo o problema da *amplitude destes poderes assim concedidos ao juiz*. Sabemos que se pretende que o juiz afaste o que não é adequado e adopte o que for melhor para o processo concreto e o torne mais simples e célere. Mas será este um poder sem limites? Representando o *ajustamento ao caso* sempre o afastamento das normas jurídicas

---

[70] Iniciando com uma *fase de articulados* (artigos 8.º e 9.º), a que segue o *saneamento e condensação*, como momento preparatório da instrução e do julgamento (artigo 10.º); a seguir, a *instrução* e a *audiência final* (artigos 11.º a 14.º); finalmente a *sentença* (artigo 15.º).

[71] O juiz adopta a tramitação processual adequada à causa que tem à frente.

estabelecidas, até que ponto pode o juiz proceder a esse afastamento? Se é admissível, por exemplo, que o juiz conceda às partes mais articulados, ou um alongamento de prazos, sê-lo-á também – por exemplo – que o juiz decida não ouvir algumas das testemunhas arroladas pelas partes, e oportunamente admitidas, sob o argumento de já estar convencido, ou que reduza prazos estabelecidos na lei para as partes, ou ainda que dispense o contraditório, argumentando com as especificidades do caso?

A questão não se afigura fácil, tanto mais que a lei – de facto – não estabelece quaisquer limites – a não ser *aqueles inerentes à própria adequação às especificidades da causa*.

É que, ao utilizar este mecanismo o *juiz aplicador* volve-se, de algum modo, em *juiz criador e legislador*, alterando normas e criando lei para o caso concreto. Ao que, questões de constitucionalidade e impugnações recorrentes das partes já se permitem antever na prática judiciária...

Por outro lado, outro problema que se suscita é o de saber se, neste quadro, não será adequado instituir, de novo, para todas as acções que sigam a forma do RPE, o *despacho liminar* do juiz. É que – como é bom de ver – entrada na secretaria a petição inicial, bem pode acontecer que o juiz entenda, para aquele caso, dadas as suas especificidades, deva ter lugar obrigatoriamente (por exemplo) a citação pessoal, por funcionário judicial[72]; ou ao invés que entenda, dada a extrema simplicidade do caso, que se não justificam os trinta dias para contestar, sendo bem mais ajustados a esse caso simples um prazo de quinze[73] ou de vinte dias[74],[75].

Parece-nos, de facto, que a nova direcção do processo, cometida ao juiz, consistente na adopção, em cada caso, da tramitação processual adequada, só pode operar – em toda a sua extensão – mediante a reintrodução do despacho liminar do juiz, pois só este permite facultar a oportunidade para proferir, em cada caso e logo de início, a decisão conformatória da sequência dos actos que é ajustada.

Problema curioso será o de saber se, uma vez *ressuscitado* o despacho liminar, para a generalidade das acções declarativas, será – ou não –

---

[72] V. artigo 239.º, n.º 8, *proémio*, do CPC.
[73] À semelhança da acção *sumaríssima* do Código de Processo (artigo 794.º, n.º 1, CPC).
[74] À semelhança da acção *sumária* do Código de Processo (artigo 783.º CPC).
[75] É curioso, a este respeito, confrontar ainda o regime estabelecido para a acção declarativa do Regime Anexo ao DL 269/98 – o de que o prazo para contestar será de 15 dias se o valor da acção não exceder a alçada da 1ª instância, mas já será de 20 dias quando o exceda (artigo 1.º, n.º 2).

admissível uma decisão, nele, de *indeferimento liminar* da causa quando, por exemplo, logo se anteveja a manifesta improcedência do pedido ou a verificação óbvia de alguma excepção dilatória insuprível. A nossa opinião, a este respeito, é a de que, se ao juiz se permite adoptar a tramitação processual adequada, adaptar o conteúdo e a forma dos actos e rejeitar o que seja impertinente (artigo 2.º, alíneas a) e b), do Decreto-Lei n.º 108/2006), então, não se vê como se lhe limitar aquela possibilidade de indeferir liminarmente, o que também lhe tem de ser permitido, à luz dos seus (novos e acrescidos) poderes de direcção e à semelhança do o Código de Processo prevê no artigo 234.º-A, n.º 1.

E pode, aquele despacho, ser de *aperfeiçoamento* da petição inicial? A resposta tem de ser idêntica à anterior. Se esse acto – de aperfeiçoamento – for o ajustado, no quadro da gestão processual emergente do artigo 2.º do Decreto-Lei n.º 108/2006, ele pode – e deve – ser determinado; aqui, como que se antecipando faculdades que o modelo ordinário do processo prevê para uma fase mais avançada da instância da acção (artigo 508.º, n.º 1, alínea b), n.º 2 e n.º 3 do Código de Processo Civil).

7. Outro problema – não menos importante – é o de descortinar qual a natureza jurídica desta decisão do juiz que adopta uma certa tramitação processual, que é a julgada ajustada às especificidades da causa.

Veja-se que o problema pode colocar-se ainda que a tramitação seguida seja a que está prevista na lei. Suponha-se o caso em que a tramitação seguida é esta, a estabelecida no Decreto-Lei n.º 108/2006. *Quid juris* se, por exemplo, uma das partes entender que essa tramitação é desajustada ao caso, sendo outra a adequada, o que em tempo útil fez saber, em requerimento, ao juiz? É razoável que lhe seja cerceada a possibilidade de ver esta questão sindicada por um tribunal superior? ...

A nossa opinião é a de que se trata de uma decisão verdadeiramente jurisdicional, que não é proferida no uso legal de um poder discricionário[76], que faz caso julgado formal[77] e que, nos termos gerais, é passível de recurso pela parte interessada.

---

[76] Nos termos do artigo 156.º, n.º 4, *in fine*, CPC *consideram-se proferidos no uso legal de um poder discricionário os despachos que decidam matérias confiadas ao prudente arbítrio do julgador*. Estes despachos não admitem recurso, nos termos do artigo 679.º CPC.

[77] Salvo se for uma decisão *meramente tabelar* e *não fundamentada*; neste caso, não faz sequer caso julgado formal, sendo modificável a todo o tempo (v. o caso seme-

Em bom rigor, o juiz não goza aqui de liberdade – não é livre de *adoptar*, ou de *não adoptar* a tramitação processual adequada. Como consta expressamente do *proémio* do artigo 2.º do Decreto-Lei n.º 108/06 ele *deve* fazê-lo. É uma faculdade que se lhe concede mas, ao mesmo tempo, é uma vinculação que o onera – é, em suma, uma situação de poder-dever.

É certo que o juiz quando formula a sua decisão há-de seguramente fazer uso de uma certa margem de ponderação e discricionariedade[78]. Se a um caso concreto é ajustada uma determinada sequência de actos, mas também o é uma outra; ou se a uns autos é adequada a tramitação narrada no Decreto-Lei n.º 108/2006, mas também o seria – por exemplo – a marcha do procedimento comum sumaríssimo[79]; certamente que a decisão do juiz, ao adoptar a tramitação concreta, em qualquer desses casos, há-de passar o crivo do seu juízo de livre critério e de discricionariedade. E nesse sentido a opção (livre) por uma ou por outra das duas tramitações adequadas não pode ser passível de qualquer censura.

Mas já se um certo caso concreto se mostra pouco compatível com as tramitações simplificadas do DL 108/2006 ou do processo comum sumaríssimo e a ele mais se ajusta uma marcha processual mais aproximada – por exemplo – à forma comum ordinária, do Código de Processo, a decisão do juiz que opte por adoptar, ou não, a concreta tramitação ou que, optando, determine um certo recorte da marcha processual, há-de poder ser passível de censura, ao menos, naquela parte em que se possa discutir o juízo de aproximação, ou de adequação, desse concreto recorte às especificidades do caso, por a essência desse juízo radicar já, não em qualquer discricionariedade, mas no cumprimento em certos termos estabelecidos na lei daquele poder-dever – cumprimento que é sempre passível de ser sindicado por parte de um tribunal superior[80].

---

lhante – de despacho meramente tabelar e não fundamentado – tido em vista pelo artigo 510.º, n.º 3, *proémio*, do Código de Processo Civil).

[78] Esta margem – mas só esta – efectivamente insindicável.

[79] V. artigos 793.º a 800.º do Código de Processo Civil.

[80] Já a situação de *inexistência de qualquer decisão* – por *adesão tácita* do juiz, no caso, à tramitação prevista na lei – só pode ser atingida mediante a reclamação, pelo interessado, de que foi perpetrada a nulidade consistente na omissão de algum acto imposto por lei (artigo 201.º CPC), dando assim origem a um despacho sobre a questão suscitada e – deste sim – podendo ser interposto recurso.

Na falta daquela reclamação, e em tempo útil, mesmo a haver vício, este fica sanado.

8. Outro problema há-de ser o da definição do modo operativo, no caso concreto, desse poder-dever do juiz em adoptar a tramitação processual adequada às especificidades da causa.

Já acima pudemos esclarecer a nossa opinião sobre a conveniência da reintrodução do despacho liminar em todas as acções declarativas que devam subordinar-se ao (novo) RPE.

Convém esclarecer que a existência deste *despacho liminar*, com a justificação dada, não implica que o juiz aí tenha de proceder sempre ao estabelecimento da sequência dos actos que se seguirá, como uma espécie de momento prévio em que se vão expressamente estabelecer todas *regras do jogo* que se irá seguir. Embora existindo essa possibilidade – para os casos em que assim se mostre adequado (por exemplo, a simplicidade do caso aconselhar o estabelecimento de um prazo para contestar mais curto, de quinze dias) – o que acontece é que a apresentação liminar dos autos ao juiz, o que permitirá é a este fazer um primeiro juízo sobre as *especificidades* da causa em concreto, de modo a poder – logo ali – ter uma ideia inicial sobre o ajustamento da sequência procedimental a seguir; e se nenhum reparo houver a fazer no caso, nada se decidindo então, mandando-se apenas seguir os autos, se adequada se mostrar a marcha sequencial narrada na lei (isto é, a fase seguinte de *citação* e *prazo de 30 dias* para o réu contestar).

Essa intervenção liminar não significa, ainda, que não possa haver um despacho interlocutório a este respeito, que surja numa fase avançada da acção e já no quadro do desenvolvimento do processo. Por exemplo, o juiz ajusta a tramitação da fase da audiência, através de uma decisão que toma por ocasião do proferimento do despacho saneador; ou já no contexto da audiência profere um despacho, em acta, onde delibera adoptar certa sequência de actos, mais adequados às especificidades da causa.

Obrigatória se não afigura também uma fixação *integral* de tramitação, que atinja toda a instância da acção cível. Dir-se-á até que raros hão-de ser os casos de adopção na íntegra de um certo esquema processual sucedâneo ao legal.

Se bem que deva haver *sempre* uma *opção* ou *adopção* por uma certa tramitação processual[81], já os ajustamentos jurisdicionais do paradigma da lei às especificidades da causa podem limitar-se a *certas fases* ou *momentos* da acção. Assim, por exemplo, pode o juiz adoptar

---

[81] Que pode ser de *mera adesão* ao paradigma da lei.

uma tramitação processual sucedânea à estabelecida na lei apenas para a *fase do saneamento e condensação*, apenas para a *fase instrutória* ou apenas para a *fase da audiência de discussão*.

Importante aqui é o respeito pelo *caso julgado formal*. Diante de uma decisão jurisdicional *expressa* e *fundamentada* deliberando adoptar um concreto esquema processual, já não será viável, mais tarde, por uma outra decisão, poder mudá-lo. A primeira, que transitou, tornou-se obrigatória, para o juiz e para as partes; e o esquema processual nela estabelecido é tão vinculativo e imutável, para eles, como se assim decorresse tipificado da lei (artigo 672.º do Código de Processo Civil).

Outrossim, e à semelhança do que o Código de Processo prevê para o princípio da adequação formal[82], também aqui a decisão jurisdicional pode ser tomada a requerimento de qualquer uma das partes, como o pode ser oficiosamente. Essencial, todavia, em qualquer caso, é a não preterição do princípio do contraditório, amplamente consagrado no artigo 3.º, n.º 3, do Código de Processo Civil. O juiz, antes de operar os mecanismos de adaptação processual, deverá portanto ouvir previamente as partes.

Como opera, porém, esta *regra do contraditório* no caso de o juiz proferir a sua decisão de adoptar certo esquema processual atípico em *despacho liminar*? Aqui dir-se-ia, quanto ao *autor*, que conhecendo este a lei aplicável – o RPE – e as especificidades da causa que propôs sempre teve oportunidade de se pronunciar, na petição inicial, sobre este problema da *adopção da tramitação adequada*. Quanto ao réu, e não produzindo a acção efeitos em relação a ele, ainda (artigo 267.º, n.º 2, Código de Processo Civil), não se justifica naturalmente qualquer audição; este, porém, logo que citado dispõe de todas as formas de impugnação admissíveis, contra a proferida decisão, dela podendo – em particular – recorrer nos termos gerais.

Finalmente, e quanto ao conteúdo do despacho que decide *adoptar a tramitação processual adequada*, afigura-se-nos poder o mesmo revestir uma de duas modalidades[83],[84]. Ou o juiz opta por uma forma de

---

[82] V. o artigo 265.º-A do Cód. Proc. Civil.

[83] A situação é, aqui, algo semelhante àquela que *Pedro Madeira de Brito* refere a respeito do princípio da adequação formal do Código de Processo – v. *"O novo princípio da adequação formal" in "Aspectos do novo processo civil", Lex, 1997, página 54*.

[84] Não consideramos aqui o caso em que o juiz opta por aderir, sem mais, ao paradigma de forma de processo que está estabelecido para o (novo) RPE. Neste caso –

processo tipificada na lei processual – mas que não é a sequência própria do RPE – e então, neste caso, escolhe – e fundamenta devidamente a escolha segundo o critério do *ajustamento* e da *harmonização* ao caso concreto – e manda aplicar um esquema sequencial já existente na lei[85].

Ou o juiz adopta uma tramitação sucedânea e atípica e, então, fixa uma nova ordenação de actos não prevista na lei, e que deve, neste caso, de forma clara, expressa e inequívoca, identificar na marcha do processo, elencar e situar, no seu despacho decisório[86].

Em qualquer dos casos – e até naquele de simples adesão ao paradigma do RPE – há-de aplicar-se à opção do juiz a disposição do artigo 463.º, n.º 1, do Código de Processo Civil, como se a sequência determinada por ele constituísse um processo especial[87]. Os autos devem respeitar, em primeiro lugar, a sequência jurisdicionalmente determinada e, quanto aos trâmites não especificamente previstos, deve recorrer-se em primeiro lugar às disposições gerais e comuns do Código de Processo e, subsidiariamente, à forma comum do processo ordinário.

9. O artigo 2.º, alínea a), *in fine*, do Decreto-Lei n.º 108/2006 estabelece que o juiz deve ainda *adaptar o conteúdo e a forma dos actos processuais ao fim que visam atingir*. Ao passo que antes o que se visou foi o modo da sua ordenação sequencial na acção, aqui, o normativo já se dirige aos próprios actos processuais, à sua forma e ao seu conteúdo.

---

naturalmente – o juiz nada dirá, para além de mandar seguir os autos; caso em que se retirará que a sequência a aplicar é a que emerge do DL n.º 108/2006, com as regras subsidiárias aplicáveis à acção ordinária do Código de Processo.

[85] Por exemplo, manda que os autos sigam – no todo ou em certas fases apenas – a sequência de actos estabelecida no Código de Processo para a forma comum ordinária. Num caso como este, cremos que, sem prejuízo da fundamentação consistente do decidido, pode limitar-se – na parte decisória – a remeter para a sequência processual já existente na lei, sem necessidade de, com grande pormenorização, identificar e situar os actos na modelação processual escolhida.

[86] Esta *nova ordenação* corresponderá, as mais das vezes, a uma conjugação de diferentes sequências de formas de processo típicas, porventura, ajustadas ainda ao paradigma previsto para o novo regime processual experimental, consistindo na imposição da prática de determinados actos, tidos por adequados, ou na omissão de outros, considerados desajustados.

[87] V., a respeito da adequação formal, *Pedro Madeira de Brito in artigo cit., página 55.*

Atribui-se ao juiz a faculdade de, casuisticamente e em obediência aos objectivos e aos propósitos visados por cada acto, poder moldar, não só a sua forma, mas o próprio conteúdo do acto a praticar.

Dir-se-ia que é o retomar da disposição do artigo 138.º, n.º 1, do Código de Processo Civil, que já dispõe deverem ter os actos processuais a forma que, nos termos mais simples, melhor corresponda ao fim que visam atingir[88].

Por outro lado, veja-se que, quanto a estes, a lei já não fala em *adopção* (*de actos*) mas usa o termo *adaptação* (*de actos*), o que permite reconhecer uma situação mais aproximada ao acolhimento de *formas* e *conteúdos* dos actos processuais, já tipicamente fixados na lei, mas que agora vão ser devidamente *ajustados* e *moldados*, por decisão judicial, de modo a com melhor eficácia poderem atingir o objectivo que visam.

Quanto à natureza e ao modo operativo desta faculdade, bem como à reacção possível ao seu efectivo e concreto uso, cremos – aqui também – que se trata de um verdadeiro poder-dever do juiz, que pode operar oficiosamente, mas nunca em preterição do necessário contraditório dos interessados; bem como que, não vislumbrando qualquer motivo de excepção, a decisão que determine a adaptação do acto há-de ser ainda impugnável nos termos gerais.

10. A alínea b) tem a especificidade de cometer ao juiz – agora pela negativa – a obrigação de obstaculizar a certo tipo de procedimentos. Em 1.º lugar, o juiz deve assegurar que não são praticados actos inúteis; em 2.º lugar, está vinculado a recusar o que for impertinente ou meramente dilatório.

Não há aqui qualquer novidade digna de registo (a mais de uma simples repetição do legislador). O artigo 137.º do Código de Processo Civil já dispõe que não é lícito realizar no processo actos inúteis. E o artigo 265.º, n.º 1, do Código de Processo Civil, no seu extracto final, comete genericamente ao juiz o poder de recusar tudo o que for impertinente ou meramente dilatório.

---

[88] Apetece dizer que, deste ponto de vista, realizada a interpretação mais conforme ao espírito da lei destas normas jurídicas já contidas no Código de Processo Civil, ténue novidade se vislumbra no novo regime. De facto, as faculdades de *adequação* e os *poderes inquisitórios*, já antes concedidos ao juiz, desde que operados em todo o seu alcance, sempre permitiriam atingir idênticos resultados.

11. Finalmente a alínea c) refere-se à adopção de mecanismos de agilização processual previstos lei.

E a primeira questão é a de saber que *mecanismos* são estes (?).

Eles estão *previstos na lei* – diz esta alínea c). E são *mecanismos de agilização processual*. Aquela *lei* – parece-nos – só pode ser o próprio Decreto-Lei n.º 108/2006. Logo, os *mecanismos* hão-de reconhecer-se a partir do seu normativo e do esquema modelar estabelecido para o (novo) RPE.

Já alguém escreveu que estes mecanismos de agilização processual poderão ser – mas não exclusivamente – aqueles que o novo regime acrescenta[89]. Por outro lado, sabemos – pela alínea a) deste artigo – que o juiz *adopta a tramitação processual adequada* e *adapta o conteúdo e a forma dos actos processuais*. Que fica, então, de novidade desta alínea c) relativamente àquela alínea a)?

É a seguinte a nossa leitura a este respeito. O (novo) regime processual experimental, dos preceitos fundamentais que encerra, dirigidos ao magistrado que *dirige* o processo[90], permite descortinar dois tipos essenciais – em 1.º lugar, alguns poderes-deveres; em 2.º lugar algumas faculdades discricionárias. São exemplos do 1.º caso, o poder-dever de ajustar um esquema procedimental às especificidades da causa (artigo 2.º, alínea a)); são exemplos do 2.º caso, as faculdades de agregação de acções (artigo 6.º), de prática de actos em separado (artigo 7.º) ou de antecipar o juízo sobre a causa principal, na instância cautelar (artigo 16.º), mas – em qualquer destes três últimos casos – no *estrito cumprimento do quadro jurídico-normativo estabelecido pelo novo diploma legal*.

Ora, precisamente o que a lei quer, com esta alínea c), é sensibilizar os juízes, a quem concedeu faculdades *discricionárias* de poderem – ou não – utilizar certo mecanismo, para efectivamente o utilizarem. Trata-se aqui de tentar moldar o *prudente arbítrio do julgador*, a que se refere a parte final do artigo 156.º, n.º 4, do Código de Processo Civil, de modo a densificá-lo com a adesão concreta ao mecanismo da agilização. Esta alínea c) como que aponta ou aconselha a decisão que se deve tendencialmente tomar, embora em uso legal do poder discricionário concedido.

---

[89] V. *Elísio B Maia e Inês Setil, loc. cit., página 319*.
[90] E a quem visa sensibilizar no sentido de flexibilizar e optimizar o processo judicial.

E isto leva-nos a uma outra constatação. Será, porventura, admitido ao juiz que, fora da previsão normativa do artigo 6.º do novo diploma, proceda a uma agregação de acções? Ou que fora da previsão do seu artigo 7.º determine num processo a prática de actos em separado?

É que – efectivamente – parece-nos que a resposta terá de ser afirmativa: esses procedimentos assim podem de facto ter lugar, se bem que ao abrigo da alínea a) do artigo e – claro está – desde que verificado o juízo de ajustamento ou de adequação exigidos por esse normativo. Significa que o mesmo acto pode ser praticado ao abrigo do uso legal de um poder discricionário – por exemplo, a agregação se cumpridos forem os requisitos do artigo 6.º – como o pode ser ao abrigo de um poder-dever – se a agregação estiver fora daquele artigo 6.º mas for, porventura, conveniente e ajustada à luz dos ditames da alínea a) do artigo 2.º –. Servindo então esta alínea c) para acentuar e transmitir uma tal ideia – a de que, mesmo fora da estrita previsão legal dos *novos mecanismos*, e em qualquer caso, desde que cumpra a tarefa de agilizar, de se ajustar, de tornar eficaz os objectivos do processo, todo o acto é possível e admissível – porventura, até exigível. Nestes casos, a observância dos pressupostos legais estritos dos mecanismos de agilização representará, para o juiz, apenas a abertura do horizonte da sua livre discricionariedade, não mais do que isso – mas ainda aí, intervindo a lei – esta alínea c) – a aconselhar o critério do juiz para o seguimento de um certo caminho.

12. Em suma, e concluindo, este artigo 2.º – e em particular a sua alínea a) – constitui um *preceito fundamental* na economia do RPE. A coberto de si *tudo* ou q*uase tudo* é possível na marcha do procedimento declarativo; pressuposto é que haja um juízo concreto de adequação e ajustamento às exigências da situação.

Dentro do modelo – o paradigma – que o Decreto-Lei n.º 108/2006 traça, é ao abrigo deste normativo aberto que o juiz há-de fazer a gestão concreta de cada processo, mediante a formulação de juízos que a sensatez e os objectivos de substância visados pela instância, em cada caso, aconselhem.

IV – OS ACTOS PROCESSUAIS NO REGIME PROCESSUAL EXPERIMENTAL

1. A forma dos actos processuais (artigo 3.º)

Nas acções acobertadas pelo RPE, os actos processuais, incluindo os actos das partes que devam ser praticados por escrito, hão-de ser praticados electronicamente, em termos a definir por Portaria do Ministro da Justiça[91]. É o que dispõe o artigo 3.º, do Decreto-Lei n.º 108/2006[92].

Até à data em que escrevemos estas linhas[93] essa Portaria ainda não existe. Prejudicando assim a eficácia da (inovadora) norma estabelecida.

Visto isso, naturalmente, a disciplina a seguir, mesmo nas acções cíveis cobertas pelo (novo) regime processual experimental, há-de ser, e enquanto a regulamentação faltar, a do Código de Processo, sem qualquer especificidade[94].

---

[91] Regime que se aplica, com as devidas adaptações, aos procedimentos cautelares e às acções declarativas cíveis que sigam processo especial (artigo 17.º), desde que tais acções e procedimentos corram num dos tribunais da Portaria 955/06 (artigo 21.º, n.º 1) e aí hajam sido propostos a partir de 16 Outubro 2006 (artigo 22.º).

[92] É curioso – mas perspicaz – o comentário de *Paulo Pimenta* a respeito deste tema:
    «*Qualquer pessoa minimamente prudente e avisada estremece quando ouve falar do uso de meios electrónicos nos processos judiciais.*
    As experiências até agora conhecidas têm sido tenebrosas.
    Apesar disso, apesar de ainda não ter resolvido os graves problemas criados, o Governo continua a iludir-se com as novas tecnologias, sem garantir que haverá condições adequadas para a sua implementação.» – v. "*Breves considerações acerca do anunciado Regime Processual Especial e Experimental*" in Boletim da Ordem dos Advogados, Janeiro – Fevereiro 2006 n.º 40, página. 38.

[93] Meados de Janeiro de 2007.

[94] A respeito da *forma electrónica dos actos processuais das partes* vejam-se os artigos 150.º, n.º 1, alínea d), e n.º 2, 254.º, n.º 2, ou 260.º-A, n.º 3, do Código de Processo Civil, bem como a Portaria n.º 642/2004, de 16 Junho.

A respeito da tramitação electrónica dos processos, veja-se o artigo 138.º-A do

2. Tipos de actos específicos do regime processual experimental

1) *Agregação de acções (artigo 6.º)*

A introdução do instituto, chamado de *agregação de acções*, no sistema processual civil que nos rege, afigura-se-nos problemática e indutora de imensas dúvidas e perplexidades.

O que é a agregação de acções?[95]

Ela constitui uma inovação, até agora desconhecida na lei processual.

Enquadra-se no espírito e na filosofia do Decreto-Lei n.º 108/2006, de 8 Junho, como um dos (novos) mecanismos de *agilização processual*[96] destinados a optimizar procedimentos judiciários e a obter celeridade.

A norma fundamental que permite traçar os contornos deste (novo) instituto contém-se no n.º 1 do artigo 6.º. Dele, é imediatamente perceptível a proximidade ao (tradicional) instituto da apensação de acções, estabelecido no artigo 275.º do Código de Processo Civil; a agregação de acções surge logo na letra deste normativo, perfeitamente nuclear e de cobertura geral ao instituto, como *alternativa à apensação*.

Uma e outra visam o ajuntamento de acções. Mas ao passo que a *apensação* pretende a junção delas, que portanto passam a ser tramitadas de maneira integrada como se de uma só se tratasse[97], na agregação o que se tem em vista é a sua mera *associação temporária* com o fim de apenas serem praticados em comum actos processuais (um ou mais), seguindo depois cada uma das acções separadamente e com inteira autonomia[98].

Diz a lei que, na agregação, do que se trata é de uma *associação transitória de acções, que pendam separadamente, para a prática conjunta de um ou mais actos processuais*; exemplificando depois tais actos, a poderem ser praticados em comum nos processos, com *actos da secretaria*, a *audiência preliminar*, a *audiência final, despachos interlocutórios ou sentenças*[99].

CPC, na redacção da Lei n.º 14/2006, de 26 Abril, também ainda sem aplicação por *falecer* (outra) prevista portaria do Ministro da Justiça.

[95] Etimologicamente *agregar* significa *unir, juntar, congregar, agrupar, acumular*.
[96] V. artigo 2.º, alínea c), DL 108/2006.
[97] É o que nos comunica o normativo do n.º 1 do artigo 275.º do CPC.
[98] É a ideia que retiramos do n.º 1 do artigo 6.º, em presença.
[99] Já ouvimos referir como exemplos, ainda, da situação a obtenção de uma mesma certidão de registo para operar em diversos processos ou também a feitura de um despacho saneador comum a vários autos.

Mas ainda assim as aproximações com a apensação são evidentes – e não só ao nível dos pressupostos estabelecidos para uma e outra[100]. A mais da referência à agregação como *alternativa* à apensação[101], o artigo 6.º que nos ocupa ainda se refere a esta última – à apensação – para estabelecer que nalguns casos também esta deve ser requerida e decidida pelo presidente do tribunal (n.º 4) e, finalmente, que também os processos em condições de serem apensados hão-de ser objecto de informação mensal da secretaria ao presidente e aos magistrados desses processos (n.º 7).

O que é que é necessário que haja para que seja possível fazer operar o (novo) mecanismo da agregação de acções?

Vamos tentar, agora, elencar cada uma das *condições necessárias* que permitem se proceda ao ajuntamento transitório e meramente temporário de processos diferentes, para o efeito da prática de actos em comum.

Em primeiro lugar, é necessário que se tratem de processos separados mas pendentes no mesmo tribunal[102], e que podem estar a cargo do mesmo juiz como podem estar a cargo de juízes diferentes.

Em segundo lugar, têm de estar reunidos os pressupostos de admissibilidade do litisconsórcio[103], da coligação[104], da oposição[105] ou da

---

[100] Leiam-se e confrontem-se os cits. artigos 275.º, n.º 1, CPC e 6.º, n.º 1, DL 108/06.

[101] É o mesmo artigo 6.º, n.º 1, DL 108/06.

[102] Esta exigência, de se tratarem de processos no mesmo tribunal, que emerge do *proémio* do artigo 6.º, n.º 1, do DL 108/06, não existe no regime da apensação, que a permite ainda que os processos pendam em *tribunais diferentes* (cit. artigo 275.º, n.º 1, CPC).

Por outro lado, esta disciplina conduz, aparentemente, à consequência de que um processo que penda num juízo de pequena instância cível do Porto *nunca* possa ser agregado a um outro que penda num juízo cível da mesma comarca do Porto (artigos único, alíneas b) e c), Portaria 955/2006 13 Setembro e 96.º, n.º 1, alíneas c) e e), da Lei 3/99, de 13 Janeiro).

[103] *Litisconsórcio* significa agregação de interessados, como autores ou réus, na causa em que se quer fazer valer certa pretensão. Sobre o litisconsórcio regem, em particular, os artigos 27.º a 29.º CPC.

[104] Pela *coligação* também há agregação de interessados na mesma causa, só que por pretensões diferentes, se bem que com alguma conexão entre si (artigos 30.º a 31.º-A CPC).

[105] Pela *oposição* pode um terceiro intervir numa causa alheia para fazer valer um direito próprio incompatível com o do autor ou reconvinte; passando a ter a posição de parte principal nessa causa (artigos 342.º a 346.º CPC). Pode ainda a oposição ser provocada pelo réu na causa principal (artigos 347.º a 350.º CPC).

reconvenção[106]; portanto serem situações que, embora sendo tratadas em processos separados, estariam vocacionadas, ao menos em tese, a poderem ser congregadas nuns únicos autos ou processo[107].

Dir-se-ia, desde já, que se tratam aqui, estas duas primeiras condições, dos pressupostos ou requisitos (legais) essenciais ou fundamentais de base que permitem fazer funcionar o mecanismo da agregação. Sem a reunião deles jamais é possível a agregação das acções, e é essa verificação (a única) que é sindicável e passível de ser reapreciada por um tribunal superior, em sede de recurso, no quadro do n.º 6 deste artigo 6.º.

De outro lado, assumido que estão reunidas, no caso, essas condições legais, já então, pode ou não ter lugar a dita agregação – aí, tudo depende já do prudente arbítrio do julgador e da decisão – haver ou não haver agregação – que este, em seu critério, tome; decisão proferida no uso de poder discricionário e, nesta parte, insindicável e irrecorrível[108].

Caímos, então, nas demais condições que permitem fazer operar a agregação. Ou seja, e em terceiro lugar, tem de haver uma determinação judicial nesse sentido[109]; quer dizer, tem de haver uma decisão jurisdicional a ordenar o ajuntamento temporário dos autos, justificado pela prática comum de um ou alguns actos dos processos.

E quais os critérios desta decisão?

Assumida a necessidade de deliberação nesse sentido, a que critérios irá o magistrado judicial apelar para alicerçar a sua decisão?

---

[106] Na *reconvenção* do que se trata é de o réu formular pedidos contra o autor, aproveitando para o efeito o processo que este já lhe interpôs (artigos 274.º e 501.º CPC).

[107] Como se vê, podia haver uns *únicos autos ou processo*, onde fossem tratadas *todas* estas questões. Não havendo, ainda assim, poderia ter sido ordenada a *apensação dos autos separados*, volvendo-os a todos em um só, com tramitação única, ao menos daí para a frente. Não havendo, pode – então – *em alternativa a tudo* ser determinada esta associação transitória, só para a prática conjunta de alguns actos processuais, consistente na chamada *agregação das acções* separadas.

[108] V. artigos 156.º, n.º 4, *in fine*, e 679.º do Cód. Proc. Civil.

[109] No *Seminário*, no CEJ, já aludido, foi discutida a questão de saber se, concretamente quanto a *actos da secretaria*, seria ou não possível a agregação oficiosa por iniciativa da própria secretaria, portanto, com dispensa de decisão do juiz. A opinião prevalecente foi a que sustentou que, mesmo aí, se exige decisão do juiz, com inviabilidade de iniciativa exclusiva da secretaria, já que a agregação consubstancia sempre decisão jurisdicional a ser tomada, em exclusivo, pelo respectivo órgão (assim se pronunciaram *Armindo Ribeiro Mendes*, advogado, e *António José Fialho*, juiz de direito). Já *Mariana França Gouveia* se pronuncia em sentido diferente, admitindo essa agregação oficiosa pela secretaria (v o seu *"Regime Processual Experimental"*, *páginas 59 e 60*).

Naturalmente, que começará por verificar se estão reunidas as condições (legais) essenciais, os fundamentos de base, que permitem a agregação – isto é, os dois sobreditos supra, tratarem-se de processos do mesmo tribunal e estarem reunidas as outras condições de reunião das causas nuns únicos autos; os únicos – como dissemos – passíveis de impugnação e reavaliação por uma instância superior. Apurada a falta de alguma dessas condições, o juiz rejeitará a agregação.

Mas a reunião dessas condições fundamentais não basta à tomada da decisão; elas podem até existir, mas o acto da agregação não ser *ainda assim* necessário, aconselhável ou até conveniente.

Reunidos os fundamentos de base, o que há-de então motivar o juiz na sua decisão?

A lei deixa em branco este aspecto, assim nos remetendo para a natureza jurídica do acto decisório de agregação como *proferido no uso legal de um poder discricionário*, com cobertura no artigo 156.º, n.º 4, *in fine*, do CPC. Quer dizer, a lei condiciona o acto a certos pressupostos, mas, reunidos estes, remete ao juiz a decisão, confiando-a ao seu *prudente arbítrio*.

Interessa assim, neste campo, fazer apelo – como sempre – ao (amplo) dever de gestão processual que o artigo 2.º, alínea a), do Decreto-Lei n.º 108/2006 comete ao juiz do processo, quando aí se estabelece que este deve adoptar a tramitação processual adequada às especificidades da causa. Por outro lado, fazer apelo também ao lugar (muito) próximo da *apensação* quando, no artigo 275.º, n.º 1, do Código de Processo Civil se condiciona a sua feitura a um *interesse atendível* na junção dos autos. Ou seja, e como critério de base – neste plano do livre arbítrio –, assentaríamos que sempre que reconhecido algum *interesse atendível*[110] na prática conjunta dos actos, à luz das exigências e características próprias dos casos concretos, então será de fazer operar o mecanismo de agregação.

---

[110] Questão é saber o que é este *interesse atendível* (?) É a lei que fala nele, a respeito da apensação (cit. artigo 275.º, n.º 1), parecendo-nos ser de o acolher também nesta sede, da agregação. A ideia que lhe subjaz é a de que pode ser conveniente ou aconselhável, dada a similitude ou até identidade dos casos, as conexões que os unem, e por razões de coerência, de economia de meios, de tratamento uniforme dos problemas, que o seu tratamento seja feito no quadro da agregação. É pois um campo em que, particularmente, se apela ao bom senso do juiz e ao critério da razoabilidade dos procedimentos.

Ainda a respeito da decisão judicial suscita-se-nos a seguinte questão: será recorrível a decisão de juiz que rejeite o acto da agregação, não o determinando? Embora com dúvidas, tendemos a considerar essa decisão como insindicável e irrecorrível; de facto, e aparentemente, ou alguma condição legal fundamental para a agregação faltava, efectivamente, e aí o recurso sempre era injustificado, ou então, existindo reunidas todas aquelas condições, a decisão de rejeição tem cabimento no critério livre do julgador (artigo 156.º, n.º 4, *in fine*, do Código de Processo Civil) e, como dissemos, as decisões assim proferidas são irrecorríveis (artigo 679.º Código de Processo Civil).

Qual o conteúdo do despacho decisório da agregação?

Se a decisão for negatória, isto é, se for de rejeitar a agregação, ela obedecerá aos ditames gerais estabelecidos no Código de Processo para a generalidade dos despachos judiciais. Mas se for determinativa, isto é, se for de ordenar a agregação, além desses ditames, ainda deverá obedecer ao prescrito no n.º 5, *proémio*, deste artigo 6.º – além de tudo, a decisão que delibera em agregar indica quais os actos a praticar conjuntamente e o respectivo conteúdo.

Sabendo-se em confronto vários autos de processos judiciais, em qual desses é que o juiz há-de lavrar a sua decisão?

Responde com clareza o n.º 2 deste artigo 6.º. Quer o requerimento da parte, quer a decisão de agregação, devem estar na acção que tiver sido instaurada em primeiro lugar[111] ou, no caso de relação de dependência ou subsidiariedade entre os pedidos, na acção que tiver por objecto a apreciação do pedido principal[112].

Outra questão fundamental, na economia deste novo instituto, é a de saber a que juiz compete formular a decisão sobre a agregação de acções (?).

É – aliás – aqui que a problemática suscitada pelo novo regime nos suscita maiores dúvidas e perplexidades. E senão vejamos.

Lido e relido o artigo 6.º do Decreto-Lei n.º 108/2006, em presença, fica-nos a convicção de que importa distinguir se a situação, a decidir, irá tomar contornos de apensação ou de agregação.

---

[111] Cremos que o critério aqui há-de ser o estabelecido pelo artigo 267.º, n.º 1, do CPC – o de que a acção se considera proposta ou instaurada com o recebimento na secretaria da petição inicial (salvo o que se dispõe nos normativos do artigo 150.º do mesmo Código).

[112] Se a decisão for a de ordenar a apensação de acções, o critério – semelhante ao presente – há-de ser o que é definido no artigo 275.º cit., n.ºˢ 2 e 3, do Cód. Proc. Civil.

No 1.º caso, o quadro jurídico essencial é o que se contém no artigo 275.º do Código de Processo Civil. Por este ficamos a saber que o requerimento para a apensação é feito sempre no processo a que os outros tenham de ser apensados[113] (n.º 3). Depois, para o caso de os processos a apensar penderem todos perante o mesmo juiz, a decisão da apensação (que, neste caso, pode até ser tomada oficiosamente, nos termos do n.º 4) é naturalmente proferida por este (n.º 3 cit., artigo 275.º); mas já se os processos a apensar penderem perante juízes diferentes, a decisão da sua apensação há-de ser tomada pelo presidente do tribunal[114] – o que decorre hoje do n.º 4 deste artigo 6.º e corresponde a uma *derrogação* do n.º 3 do artigo 275.º, do Código de Processo Civil.

No 2.º caso, o quadro jurídico – já o sabemos – é o do normativo do artigo 6.º do Decreto-Lei n.º 108/06. O requerimento da agregação é feito sempre no processo que tiver sido instaurado em primeiro lugar (ou, se for caso, nalgum dos outros elencados no n.º 2 do artigo). Se os processos a agregar penderem todos perante o mesmo juiz, a decisão será proferida pelo próprio juiz, titular de ambos os processos a agregar, e a decisão que ordena a agregação pode até ser tomada oficiosamente, e sem audição das partes (n.º 3). Mas já se os processos a agregar penderem perante juízes diferentes[115], além de se vedar a decisão oficiosa do tribunal – neste caso, exige-se sempre o requerimento de uma qualquer das partes[116] (artigo 6.º, n.º 1, *2ª parte*), a dirigir ao presidente do tribunal –, atribui-se ainda, e em exclusivo, ao presidente do tribunal a competência para proferir a decisão de agregar (n.º 4, deste artigo 6.º)[117].

---

[113] Em princípio, o processo que tiver sido instaurado em primeiro lugar (n.º 2 do artigo 275.º), como vimos supra.

[114] A ideia que nos dá é a de que, por aproximação das figuras da *apensação* e da *agregação*, o legislador quis estabelecer um regime unívoco para todos os casos em que os processos em confronto pendessem diante de juízes diferentes. Nesta situação, e quer para apensar quer para agregar, ter-se-á pensado que a competência haveria de caber – sempre – ao presidente do tribunal.

[115] Não esquecer que o tribunal – esse sim – tem sempre de ser o mesmo...

[116] Naturalmente que, diante do requerimento de uma das partes, se dará prévia e obrigatoriamente cumprimento à regra do contraditório (artigo 3.º, n.º 3, CPC).

[117] O n.º 4 deste artigo 6.º é curioso a vários títulos. Desde logo, acolhe para a *apensação de acções* um regime que aparentemente só se reportaria à sua *agregação*. Significa isto que, nos casos de aplicação do RPE – isto é nas acções interpostas após 16 Out 06 nos tribunais delimitados na Portaria 955/2006 –, sempre que pendam acções perante juízes diferentes, reunindo os requisitos para a sua *apensação*, nos termos do

Segundo vislumbramos, será este o funcionamento destes mecanismos. A parte que pretenda a apensação[118] ou a agregação[119] de processos separados, que pendam em juízes diferentes, do mesmo tribunal, formulará essa pretensão em requerimento[120], que entregará, por princípio, no processo em que a petição inicial haja primeiro dado entrada na secretaria e dirigido ao presidente do tribunal. É notificada a parte contrária[121], a fim de se pronunciar. A secretaria fará depois os autos daquele processo conclusos ao juiz presidente do tribunal; e este decidirá[122].

---

artigo 275.º, do CPC, a respectiva pretensão há-de ser suscitada perante o presidente do tribunal e passa a ser este quem tem a competência para decidir dessa apensação, nos termos deste n.º 4, e *em derrogação* do que era o regime do Código de Processo estabelecido no n.º 3 daquele artigo 275.º.

Por outro lado, é original a atribuição destes poderes – verdadeiramente jurisdicionais – ao presidente do tribunal, quer para decidir da agregação, mas também – como se vê – da apensação de acções (esta subordinada aos requisitos definidos no Código de Processo). Tradicionalmente, a presidência do tribunal está atribuída a um juiz de direito, essencialmente, para efeitos administrativos (v artigos 74.º e 75.º, da Lei n.º 3/99). Pois bem, à luz deste inovatório regime, o juiz a quem compita o exercício da presidência tem agora, pelo menos, mais este poder jurisdicional – o de decidir, por despacho fundamentado (nos termos do *proémio*, do n.º 5, do artigo 6.º), o requerimento da parte que solicite a agregação ou a apensação de processos separados pendentes em juízes diferentes. Esta situação afigura-se-nos, no mínimo, algo incómoda, quando é certo que vai ser alguém que não é titular do processo – o juiz presidente – que vai estar a decidir nos processos do colega do lado, e logo para determinar, porventura, que há-de ser este a praticar, no seu processo, um certo número de actos agregados, ou para determinar a apensação de processos de outros colegas (neste caso, portanto, acabando por decidir a movimentação de processos das mãos de um juiz para as mãos do outro).

Mais – essa decisão assim tomada pelo presidente parece ser definitiva para os colegas dele, do mesmo tribunal, os juízes dos processos a agregar ou a apensar (n.º 4, *in fine*, deste artigo 6.º).

[118] A coberto do artigo 275.º, n.º 1, do CPC.

[119] A coberto do artigo 6.º, n.º 1, DL 108/2006.

[120] A nosso ver sempre *fundamentado* alegando, em qualquer dos casos, o interesse atendível no acto, a conveniência que, para a economia do processo e para os fins que o justificam, advém da sua realização.

[121] O que, em regra, deverá ser feito à luz das disposições dos artigos 229.º-A e 260.º-A do CPC, aqui aplicáveis.

[122] Não sem antes – dizemos nós – de ouvir os colegas titulares dos processos, nem que seja de modo meramente informal. Também – o que nos parece evidente – não sem antes fazer uma consulta dos vários processos em causa, para apensar ou agregar, os quais deverá requisitar às competentes secções de processos de modo a poder conscienciosamente tomar a posição sobre a verificação, ou não, das condições necessárias ao ajuntamento temporário ou definitivo – conforme os casos – dos autos.

Da decisão do presidente do tribunal – diz o n.º 4, *in fine*, deste artigo 6.º – não cabe reclamação, não sendo aplicável o artigo 210.º, n.º 2, do Código de Processo Civil[123]. O que parece induzir uma *definitividade do decidido*, ao menos para os juízes titulares dos processos envolvidos na apensação ou na agregação[124].

A decisão de agregação[125] – seja a do *juiz do processo*, seja a do *juiz presidente* – é notificada às partes[126]; e é acompanhada, conforme os casos, da convocação para a diligência conjunta, do despacho ou da sentença praticados conjuntamente[127].

Qual a natureza jurídica da decisão jurisdicional que determina a associação temporária dos processos para a prática conjunta de actos?

Voltamos a esta importante questão, que já acima aflorámos. O n.º 1 do artigo 6.º, do Decreto-Lei n.º 108/2006, estatui que, reunidas todas as condições prefiguradas na lei, o juiz *pode* determinar essa associação dos processos; o que parece querer afastar qualquer tipo de vinculação ou obrigatoriedade. Significa que podem até estar reunidas todas as condições da lei mas que, por uma ou outra razão, exógena a essas, se não afigure ao juiz razoável, aconselhável ou apenas adequado o acto da agregação.

Existe algum consenso na ideia – que supra avançámos – de que a decisão de agregação é pronunciada no uso legal de um poder discricionário[128]. Pelo artigo 156.º, n.º 4, *in fine*, do Código de Processo Civil sabemos que se consideram proferidas no uso legal de um poder discricionário as decisões que se pronunciem sobre matérias confiadas ao pru-

---

[123] Estabelece este normativo a respeito do acto da *distribuição*: «*As divergências que se suscitem entre juízes da mesma comarca sobre a designação do juízo ou vara em que o processo há-de correr são resolvidas pelo presidente da relação do respectivo distrito, observando-se processo semelhante ao estabelecido nos artigos 117.º e seguintes.*»

[124] Pode porém acontecer que o juiz *destinatário* do processo não aceite a apensação ou a agregação sob o argumento da *inconstitucionalidade orgânica* da norma que atribui ao juiz presidente o poder decisório. Esta questão de constitucionalidade não é de facto líquida e, se assim for suscitada, não deixará de originar graves perturbações à marcha dos processos envolvidos.

[125] Todo o n.º 5 deste artigo 6.º, se refere apenas à decisão de *agregação*, não à de *apensação*; a esta última se aplica agora o regime geral do Código de Processo.

[126] V. n.º 5, *2ª parte*, deste artigo 6.º.

[127] V. n.º 5, *in fine*, deste artigo 6.º.

[128] Assim se pronunciou *António José Fialho* no Seminário acima aludido; assim também se pronuncia *Mariana França Gouveia in ob. cit., páginas 62 e 63*.

dente arbítrio do julgador. E essas decisões – diz o artigo 679.º do Código de Processo Civil – não admitem recurso.

Estabelece o artigo 6.º, n.º 6, do Decreto-Lei n.º 108/2006 que a decisão de agregação[129] não é passível, por si só, de interposição de recurso; mas que pode ser impugnada no recurso que venha a ser interposto da decisão final.

Ou seja, é o seguinte o quadro da lei. A decisão de apensar ou não apensar autos, proferida pelo juiz presidente, está sujeita ao regime recursório do Código de Processo. A decisão de não agregar autos, proferida pelo juiz do processo ou pelo juiz presidente, não é passível de impugnação pelas partes e é irrecorrível[130]. A decisão de agregar autos, proferida pelo juiz do processo ou pelo juiz presidente, é passível de recurso em termos de verificação das condições legais necessárias que facultam o uso do poder discricionário, mas só aí; reconhecidas aquelas condições a decisão jurisdicional é também insindicável.

A impugnação – apenas da decisão que agrega – contém-se nestes limites. E apenas opera no recurso da decisão final.

O (novo) instituto da agregação de acções gera um problema prático relacionado com a forma concreta da sua execução e, de outro lado, com a definição da sequência seguinte a dar a cada um dos autos antes agregado.

O mecanismo da agregação dos autos não se esgota em si mesmo; à prática dos actos comuns, aos autos agregados, há-de seguir-se um momento de desagregação dos mesmos autos, de separação uns dos outros[131], de modo a que todos voltam à sua situação original, de processos autónomos e separados, embora então todos contendo um certo acto – aquele que justificou a agregação – que é o mesmo e único, comum a todos eles.

Onde e como são praticados os actos que comungam?

Determinada a agregação, os actos processuais dos processos temporariamente associados, a praticar em comunhão, são-no no processo

---

[129] Só esta; não a *decisão de apensação*. A esta última aplica-se o regime geral do Código de Processo Civil, também em matéria de recurso.

[130] Ainda que estejam reunidos todos os requisitos necessários à agregação, o juiz não está obrigado a determiná-la, podendo dispensá-la a coberto do seu prudente arbítrio, que é insindicável.

[131] A não ser assim, isto é, se os autos se mantivessem, ora adiante, para sempre unidos, a situação mais seria de apensação.

onde foi proferida a respectiva decisão ordenatória; isto é, em regra, na acção primeiramente instaurada ou, se for o caso, numa daquelas apontadas no n.º 2 deste artigo 6.º, em análise.

A lei exemplifica com a prática conjunta de actos da secretaria, a audiência preliminar, a audiência final, despachos interlocutórios e sentenças[132]. Com mais concretização, podemos conjecturar uma citação conjunta de um mesmo réu em vários processos, um único acto de inquirição de uma testemunha arrolada em distintos autos, uma mesma sentença final de mérito em dois ou três processos. Qualquer dos actos há-de ter a forma que a lei, para cada um, estabelece; embora, naturalmente com os ajustamentos e as adaptações inerentes à circunstância de se tratar, em cada caso, de acto comungado por diferentes autos, isto é, válido e juridicamente eficaz em diverso número de processos.

A decisão de agregação – já o referimos – tem de explicitar e concretizar quais os actos a praticar em comunhão e, bem assim, o respectivo conteúdo; além disso, e consoante os casos, logo a acompanha a convocação para a diligência conjunta ou o texto do despacho ou da sentença que constituam o acto comum praticado[133].

O que acontece aos processos agregados após a prática do acto comum?

A questão é, no essencial, a seguinte – se os autos penderem em vários juízes, é o juiz presidente que delibera a agregação[134]; ou seja, ordena a associação transitória dos processos para a prática conjunta de certos actos processuais; o que gera que um certo juiz daquele tribunal fique incumbido dessa prática, ao mesmo tempo que tem em mãos os vários autos agregados. Ora, esgotada a prática dos actos comuns, qual o

---

[132] V. artigo 6.º, n.º 1, cit. *in fine*.

[133] É a disciplina do n.º 5, deste artigo 6.º. Nos termos deste mesmo número, a decisão é ainda notificada às partes (coisa que a lei nem precisava repetir, posto que a necessidade de notificação sempre emergiria das normas gerais do Código de Processo) que – querendo – a podem impugnar, embora nas condições limitadas supra deixadas notar (v. n.º 6, deste artigo 6.º)

Repare-se, por outro lado, ainda, que nos casos de competência do presidente do tribunal, não se afigura possível este acompanhamento à decisão ordenatória da agregação (salvo se for o próprio juiz presidente o juiz a quem é atribuída a tarefa de realizar a diligência ou proferir a decisão comum).

[134] E a lei é clara e inequívoca a este respeito, não podendo merecer outras dúvidas: essa decisão de agregação deve indicar quais os actos a praticar conjuntamente e respectivo conteúdo (n.º 5, *proémio*, do artigo 6.º).

destino destes vários autos agregados? Quanto a uns – os do processo *agregante* – não haverá grandes dúvidas; estes, na origem já da titularidade do juiz que praticou o acto comum, continuarão nas mãos deste para os termos subsequentes. Mas, e quanto aos demais, isto é, quanto àqueles que vieram às suas mãos *apenas* a pretexto da comunhão de um acto processual com *o seu* processo?

A solução não se nos afigura fácil, tanto mais que, não tendo dúvidas sobre *o pensamento* da lei, no sentido de que os autos *agregados* haveriam de voltar ao juiz de origem, temos, por outro lado, ouvido vozes autorizadas a defender precisamente o contrário, de que os autos *agregados* passam a pender todos perante o juiz do processo *agregante*[135].

Compreendemos a perplexidade que gera um regime, completamente desajustado à nossa tradição processual civil, e consistente numa movimentação meramente pontual, transitória e temporária, primeiro de ida dos autos ao outro juiz para comungar num acto, depois para retornar ao juiz de origem contendo já, devidamente documentado, o acto comungado. Pese isso – e repetimo-lo – não temos grandes dúvidas que é esse o recorte da lei e que corresponde ao pensamento legislativo – naquela esteira de celeridade absoluta[136] sem mais nada ter em conta ...

---

[135] Assim, no *Seminário* referido – CEJ, 19 e 20 Outubro 2006 – foi discutida a questão de saber se o processo agregado, a cargo de um juiz diferente, deve depois voltar ou não – uma vez praticado o acto que justificou a agregação – ao seu juiz de origem, tendo um dos oradores, *Armindo Ribeiro Mendes*, se pronunciado pela negativa sob a ideia de que a agregação envolve nesse caso o movimento do processo de um juiz para outro, passando este último a tramitá-lo (embora com autonomia do processo a que se agregou, assim se distinguindo este mecanismo do da apensação).

Da mesma opinião parece ser *Mariana França Gouveia* quando escreve (v. o seu "*Regime Processual Experimental*"):

«*A decisão do presidente do tribunal é, seguramente, uma decisão de redistribuição – na medida em que implica uma nova divisão dos processos pelos magistrados. A partir desse momento, os processos agregados passam a pender todos perante o mesmo juiz. A lei não o diz, mas outra solução não é possível: não se poderia praticar o acto agregado e reenviar os processos para os juízes respectivos – só o titular dos processos tem competência para a prática de actos nesse processo, para decidir, para ouvir a prova.*» (*página 64*).

E adiante:

«*Mas mais: depois de praticados os actos, os processos continuam a sua tramitação isoladamente, pelo que não pode um juiz agregar um processo de um outro magistrado para a prática de um acto e depois "devolvê-lo"*» (*página 65*).

[136] Mesmo em preterição de outros valores quantas vezes bem mais nobres e dignos do que a simples e formal rapidez ou pressa.

E daí que nos custe propugnar uma interpretação *correctiva* dos normativos, conducente àquilo que a lei não diz, e a uma solução que, além de muitíssimas reservas, nos suscita fundadíssimas dúvidas, até de constitucionalidade; qual seja, a solução de que – afinal – o juiz presidente quando decide a agregação o que está é a tomar uma *decisão de redistribuição*, isto é, está a *proceder a uma nova divisão dos processos pelos magistrados*[137].

A nosso ver, a interpretação certa é a de que, comungado o acto, fica o processo *agregante* com o seu juiz, mas já os processos *agregados* voltam para os juízes respectivos, para com estes conhecerem os seus trâmites seguintes.

O normativo do n.º 7 deste artigo 6.º estabelece que a secretaria informa mensalmente o presidente do tribunal e os magistrados dos processos que se encontrem em condições de ser agregados ou apensados.

Voltamos aqui a ter uma disciplina semelhante, de um lado, para a apensação, do outro, para a agregação, figuras alternativas no quadro do n.º 1 do artigo 6.º, em análise.

O normativo afigura-se algo ingénuo. Desde logo, ele presume a capacidade da secretaria para reconhecer a reunião das *condições jurídicas necessárias* à apensação e à agregação. É aqui um erro recorrente do legislador que parece (querer) desconhecer a impreparação da generalidade das secretarias para tarefas deste tipo[138]. Serão capazes as secretarias de a par-e-passo reconhecer os processos separados em que concorram os pressupostos da coligação (?) ou, ainda, aqueles em que concorram os da oposição (?) Acresce, por outro lado, que aquelas *condições* – aliás com enquadramento legal distinto na apensação (artigo 275.º, n.º 1, CPC) e na agregação (artigo 6.º, n.º 1, do Decreto-Lei n.º 108/2006) – se não limitam ao que tabelarmente se contém na lei, mas vão além disso, exigindo, em cada caso, um juízo normativo e valorativo de apreciação e de adequação. Não basta, por isso, reconhecer os processos separados em que se encontram reunidos, por exemplo, os pressupostos do litisconsórcio ou da reconvenção; é necessário ainda – como a lei expressamente estabelece para a apensação[139] – formular o juízo do interesse atendível[140] no

---

[137] Para usar as palavras de *Mariana França Gouveia* in *ob. cit., página. 64*.

[138] Veja-se o caso dos artigos 234.º-A, n.º 5, e 812.º-A, n.º 3, do CPC, na redacção DL 38/2003, de 8 Março, e a sua aplicação prática, ao que sabemos, inexistente.

[139] Cit. artigo 275.º, n.º 1, do CPC.

[140] Juízo que é o da adequação e conveniência às exigências e especificidades de cada situação concreta.

ajuntamento dos processos, certo que este como cláusula aberta que é exige densificação pouco compatível com a formação e tarefas habitualmente inerentes às secretarias dos tribunais.

A isto acresce uma dificuldade que irá seguramente fazer-se notar na prática e que tem a ver com o modo de operar esta informação mensal. O que têm as secções de processos de fazer? Entregar mensalmente ao presidente do tribunal e aos demais juízes uma lista de processos em que, por exemplo, haja autores ou réus comuns? E deve essa lista vir fundamentada ou há-de ela bastar-se com os elementos meramente formais obtidos, de mês a mês, das bases de dados informáticas? ...

Finalmente, nem se vê qualquer espécie de utilidade neste acto, ora imposto às secretarias. Tirando os casos em que os processos pendem perante o mesmo juiz[141], quer a apensação[142], quer a agregação[143] dependem sempre de impulso processual de uma das partes, estando vedadas faculdades oficiosas; o que a ser assim torna completamente inútil ao presidente do tribunal – o competente para decidir – saber das condições dos processos: em qualquer caso, ele nada pode fazer, a não ser que lhe seja formulada uma pretensão.

2) *Prática de actos em separado (artigo 7.º)*

O artigo 7.º do Decreto-Lei n.º 108/2006 introduziu um sistema de *prática de actos em separado* a que a doutrina vem já, sugestivamente e por contraposição à agregação do artigo 6.º, chamando de *desagregação*[144].

O que é a desagregação?

A noção é dada pelo n.º 1, *proémio*, deste artigo 7.º; trata-se de conseguir que *num mesmo e único processo a prática de certos actos se realize em separado*; actos que, portanto, não fôra este regime especial seriam, no quadro da (única) instância presente, praticados conjuntamente.

---

[141] V. artigos 275.º, n.º 4, do CPC e 6.º, n.º 3, do DL 108/06. Nestes, em que o juiz tem a seu cargo os processos *apensáveis* ou *agregáveis*, seguramente que não deixará de se aperceber do facto, logo que os mesmos lhe sejam presentes, no quadro da respectiva marcha processual normal.

[142] V. artigo 275.º, n.º 1, CPC.

[143] V. artigo 6.º, n.º 1, DL 108/2006.

[144] V. *Mariana França Gouveia* in *ob. cit., página 76*.

O que é necessário para que seja possível fazer operar o mecanismo da desagregação?

Também para este a lei exige[145] a existência de *condições necessárias* sem a verificação das quais se não põe sequer a hipótese de desagregar os autos. Tratam-se de duas condições substanciais e de uma meramente formal.

Em primeiro lugar, é necessário que se verifiquem os requisitos da coligação inicial[146], da coligação sucessiva[147] ou os prescritos para a admissibilidade do mecanismo estabelecido no artigo 274.º, n.º 4, do Código de Processo Civil[148]. Portanto, serem situações que inequivocamente enquadram os normativos em causa e, dessa forma, juridicamente vocacionadas a estarem congregadas nuns únicos autos ou processo.

Em segundo lugar, têm de estar, essas situações, efectivamente congregadas nuns únicos autos ou processo, precisamente naquele onde se suscita o problema da desagregação. Ou seja, no processo, tem lugar uma coligação inicial, ou uma coligação sucessiva ou está utilizado o mecanismo facultado pelo artigo 274.º, n.º 4, do Código de Processo Civil.

É portanto, nestas duas condições materiais, a reunião do *ser* e do *dever ser*; não só *o direito* faculta o acesso aos mecanismos como *de facto* eles foram feitos operar pelos interessados nos autos.

Há depois uma terceira condição, esta formal, e consistente na obrigatória audição das partes. É portanto a realização concreta do *princípio do contraditório*, genericamente afirmado no artigo 3.º, n.º 3, do CPC, e aqui sem excepções, quer a decisão de desagregação seja tomada *a requerimento* de uma das partes ou *oficiosamente* por iniciativa do próprio juiz[149].

---

[145] Sempre no *proémio* do n.º 1, deste artigo 7.º.

[146] Os requisitos da *coligação* contêm-se basicamente no artigo 30.º, do CPC, fixando depois o artigo 31.º, do CPC, um conjunto de *obstáculos* à mesma coligação. Havendo coligação ilegal ela pode ainda ser *suprida* a coberto do artigo 31.º-A, do CPC.

[147] A *coligação sucessiva*, subordinada aos mesmos requisitos legais da coligação *inicial*, tem a especificidade de só surgir na causa, já na pendência dela e por via de um do incidente de intervenção de terceiro, a intervenção principal, espontânea (artigo 320.º, alínea b), do CPC) ou provocada (artigo 325.º, n.º 1, CPC).

[148] É o seguinte o normativo do artigo 274.º, n.º 4, em referência:
«*Se o pedido reconvencional envolver outros sujeitos que, de acordo com os critérios gerais aplicáveis à pluralidade de partes, possam associar-se ou ao reconvindo, pode o réu suscitar a respectiva intervenção principal provocada, nos termos do disposto no artigo 326.º.*»

[149] Duas questões, desde já. A *1ª* a de saber quem é o juiz que decide; aqui com resposta indubitável de que é o juiz do processo onde o problema é suscitado. A *2ª* a de

Ressalvada esta última condição – a obediência ao contraditório – cuja preterição envolve *nulidade secundária*, nos termos do artigo 201.º, n.º 1, do Código de Processo Civil, sujeita a arguição do interessado, no prazo de dez dias, sob pena de se considerar o vício sanado[150], e cingindo-nos só às *condições de materiais da desagregação* – as duas primeiras – diríamos que, à semelhança do referido para a figura da agregação, também aqui se tratam dos requisitos (legais) essenciais ou fundamentais de base que permitem fazer funcionar a desagregação. Também aqui sem a reunião deles – enquadramento legal e uso efectivo do mecanismo concedido por esse enquadramento – se não mostra liminarmente viável a desagregação da acção mediante a prática, nos autos, de actos em separado. É portanto sobre estes também – e só sobre eles – que incide a sindicabilidade e a reapreciação, inerentes à impugnação por via de recurso, no quadro do n.º 6 do artigo 6.º, do Decreto-Lei n.º 108/06, para o qual o n.º 2, deste artigo 7.º, expressamente remete.

Estamos então – e outra vez aqui – no uso legal, pelo juiz, de um *poder discricionário*, à luz da disposição do artigo 156.º, n.º 4, do Código de Processo Civil e insindicável, nos termos antes apontados, de acordo com a norma do artigo 679.º, mesmo diploma.

A especificidade da desagregação é, porém, a de que, ao invés do que acontece para a agregação, é a própria lei a dar aqui – se bem que exemplificativamente – os critérios de decisão, a serem utilizados a partir da base de verificação das *duas condições materiais fundamentais*. Ou seja, é a lei que exemplifica alguns casos de densificação do prudente arbítrio do julgador que lhe poderão permitir determinar a desagregação dos autos.

Também aqui – obviamente – diz a lei que, reunidas as condições essenciais, "*pode*" o tribunal ordenar a desagregação; mas acrescenta

---

saber se pode o juiz decidir oficiosamente ou se há necessidade de iniciativa de alguma das partes; e a resposta também nos parece evidente, de que estão concedidos poderes oficiosos ao juiz, pois se o enquadramento processual em que estamos é coberto por um genérico *dever de gestão processual* segundo o qual o juiz que dirige o processo deve – além do mais – adoptar os mecanismos de agilização processual previstos na lei (art. 2.º, alínea c), DL 108/2006), tal só pode significar que o *impedimento de oficiosidade* teria de emergir de normativo expresso da lei – na omissão desta, o juiz apenas está subordinado ao *pano de fundo* que é aquele *dever de gestão* de onde derivam, por inerência directa, os tais poderes (deveres) oficiosos.

[150] V. artigos 202.º, *in fine*, 203.º, n.º 1, 205.º, n.º 1, 206.º, n.º 3, e 207.º, do Cód. Proc. Civil.

"*designadamente quando*" para depois elencar, em duas alíneas, as tais situações coadjuvantes para o juiz, que melhor lhe facultam interpretar o sentido e a intenção da lei. E são elas *quando haja inconveniente em que as causas ou pedidos sejam instruídos, discutidos e julgados conjuntamente* (alínea a), do n.º 1) e *quando a prática de actos em separado contribua para um andamento da causa mais célere ou menos oneroso para as partes ou para o tribunal* (alínea b), do n.º 1).

Retendo-nos na *alínea a)*, do n.º 1, deste artigo 7.º, fica-nos a convicção de que a intenção do legislador foi aqui a de salvar acções – *causas* no dizer da lei – irremediavelmente condenadas à luz das disposições contidas no Código de Processo.

Vejamos o caso da coligação. Os autos contêm uma situação de coligação e o quadro jurídico do Código permite-a sem dúvida. Todavia, se o juiz oficiosamente ou a requerimento de algum dos réus entender que há *inconveniente grave* em que as causas sejam instruídas, discutidas e julgadas conjuntamente, determina a notificação dos autores para indicarem, em prazo, qual o pedido ou os pedidos que continuarão a ser apreciados no processo (artigos 31.º, n.º 4, e 31.º-A, n.º 2, CPC). Na falta de indicação, há absolvição da instância quanto a todos (cit. artigo 31.º, n.º 4); havendo indicação, há só absolvição da instância quanto aos pedidos não indicados (artigo 31.º-A cit., n.º 3). Ora, é aqui e para obviar a qualquer uma destas absolvições da instância que o mecanismo da desagregação intervém, ou pode intervir. É que o juiz, ao invés de assim fazer, aplicando estritamente os ditames do Código de Processo, *pode* optar por determinar a prática de alguns dos actos do processo em separado, desde que essa prática separada permita obviar à *inconveniência* – que quer o Código de Processo (artigo 31.º, n.º 4), quer o Decreto-Lei n.º 108/2006 (artigo 7.º, n.º 1, alínea a)) expressamente referem – geradora e justificativa de alguma daquelas absolvições da instância[151]. Assim, evitará de absolver o réu, ou réus, da instância e conseguirá salvar todos os pedidos formulados na acção.

Vejamos, agora, o caso da reconvenção (artigo 274.º, n.º 4, do Código de Processo Civil). A situação é muito semelhante à anterior. A lei admite a associação de outras partes, que não as primitivas, à instância

---

[151] A desagregação surge, portanto, e neste contexto, como uma espécie de *mecanismo alternativo* às absolvições da instância, cominatórias da grave inconveniência mencionada naquele artigo 31.º, n.º 4, CPC.

reconvencional; e essa associação existe no processo. Todavia, se o juiz entender que há inconveniente grave na instrução, discussão e julgamento conjuntos, determina a absolvição da instância quanto ao pedido reconvencional de quem não seja parte primitiva na causa (artigo 274.º, n.º 5, do Código de Processo Civil). Ora, também aqui o juiz *tem a opção* de poder salvar este pedido reconvencional se, para afastar esse juízo de inconveniência, for bastante a prática de algum ou alguns actos ser realizada em separado, nos termos desta alínea a) do artigo 7.º, n.º 1, em apreciação.

Pode a questão concreta, nos autos, não ser tanto de *inconveniência conjunta*, mas mais de *conveniência na separação*. Então, caímos na *alínea b)*, do n.º 1, deste artigo 7.º que, nesta perspectiva, acaba por ser mais outro afloramento concreto do *dever de gestão* genericamente estabelecido no art. 2.º, do Decreto-Lei n.º 108/06, quando comete ao juiz a adopção dos ajustamentos adequados às especificidades dos autos e bem assim a adopção dos novos mecanismos que se justifiquem e previstos para o RPE. Assim – e como diz a lei – se for conveniente e ajustado, num certo caso, por permitir um andamento da causa mais célere ou menos oneroso, para as partes ou para o tribunal, a realização prática de certos actos – que em princípio seriam actos conjuntos – em separado, ela pode ser determinada pelo juiz, no seu livre critério de apreciação e discricionariedade.

Sabendo-se, porém, que os casos de *coligação inicial* ou *sucessiva* e de verificação da *situação prevista no art. 274.º, n.º 4, do Código de Processo Civil* não tocam – nem de perto – todas as acções, deve perguntar-se se o mecanismo da *prática de actos em separado* poderá (deverá) também ser utilizado numa outra acção onde, pese a inverificação daqueles *requisitos essenciais*, ainda assim, aquela separação possa *contribuir para um andamento da causa mais célere ou menos oneroso para as partes ou para o tribunal* (?). E a resposta não pode deixar de ser afirmativa, posto que – como dissemos – aqueles *requisitos* são *essenciais* mas (apenas) para facultar ao juiz o uso de um *poder discricionário* na utilização do mecanismo. Em todos os outros casos, o juiz utilizará o mecanismo, mas não já em seu prudente arbítrio, antes a coberto do *poder-dever* que o vincula, de providenciar pelo andamento regular e célere do processo[152], adoptar a tramitação processual adequada ao caso,

---

[152] V. artigo 265.º, n.º 1, do CPC.

adaptar o conteúdo e a forma dos actos em homenagem ao seu fim e utilizar os (novos) mecanismos de agilização que a lei lhe concede[153].

O despacho decisório da desagregação, *que a ordene*, indica quais os actos a praticar em separado e o respectivo conteúdo; há-de conter a explicitação do modo concreto por que operará o mecanismo do desdobramento; e é notificado às partes[154]. Este mesmo despacho – o ordenatório da desagregação[155] – é irrecorrível, salvo para a verificação do apuramento dos requisitos legais do uso do poder discricionário[156].

Já o despacho, fora do normativo do artigo 7.º, n.º 1, do Decreto-Lei n.º 108/2006, seja de admissão ou de rejeição, porque proferido no uso dos poderes-deveres de gestão do juiz e de direcção do processo, será recorrível nos termos gerais.

3. Actos tributários do regime processual experimental (artigo 18.º)

Do ponto de vista tributário, as acções declarativas cíveis cobertas pelo RPE surgem, no seu essencial, subordinadas ao conjunto das disposições normativas (gerais) já aplicáveis às acções comuns reguladas no Código de Processo Civil – disposições que essencialmente constam deste e, também, do Código das Custas Judiciais[157].

Com especialidades pontuais, porém.

Assim, e em 1.º lugar, no caso do *RPE comum*, quando as partes usem da faculdade prevista no artigo 13.º do Decreto-Lei n.º 108/2006[158], a taxa de justiça é reduzida a metade[159], não é devida taxa de justiça

---

[153] Artigo 2.º, alíneas a) e c), do DL 108/2006.

[154] V. artigo 6.º, n.º 5, *ex vi* artigo 7.º, n.º 2, DL 108/2006.

[155] Referimo-nos ao despacho que reúne as *condições fundamentais* do artigo 7.º, n.º 1, DL108/06; portanto aquele que nesse quadro ordena a desagregação a coberto do uso legal do poder discricionário.

[156] É o recurso a que se refere o artigo 6.º, n.º 6, *ex vi* artigo 7.º, n.º 2, DL 108/2006. Já o despacho, proferido no enquadramento do mesmo artigo 7.º, n.º 1, mas que rejeite a desagregação é *sempre* irrecorrível – por aí, ainda que reunidos todos os requisitos da lei, o acto de rejeição ser *eminentemente discricionário*, proferido a coberto de um *livre arbítrio* insindicável.

[157] Redacção do Decreto-Lei n.º 324/2003, de 27 Dezembro.

[158] Isto é, se as partes apresentarem acta de inquirição por acordo de todas as testemunhas arroladas. Neste caso – além do mais – o processo passa também a ter carácter urgente.

[159] V. n.º 1, *proémio*, do artigo 18.º, do DL 108/2006.

subsequente[160] e, havendo remanescente, é sempre dispensado o seu pagamento[161].

Em 2.º lugar, no caso da *fase judicial do RPE especial*[162], também a taxa de justiça é reduzida a metade e, igualmente, não é devida taxa de justiça subsequente[163].

Em 3.º lugar, ainda na *fase judicial do RPE especial*, quando as partes apresentem acta de inquirição por acordo de todas as testemunhas, nos termos do artigo 9.º, n.º 5, do Decreto-Lei n.º 108/2006, é ainda dispensado o pagamento do remanescente que haja[164].

Questão curiosa é a de saber, ainda a respeito da *fase judicial do RPE especial* – isto é quando as partes apresentem conjuntamente a acção para saneamento juntando petição conjunta –, que taxa de justiça inicial[165] é devida e quem a paga (?).

Havendo um só articulado – a petição conjunta de autor e réu – estará cada uma das partes onerada com o pagamento da *respectiva* taxa inicial ou de outro modo ambas as partes hão-de pagar *uma única* taxa de justiça?

Sem embargo da omissão da lei, pensamos que a circunstância de se tratar de um único – e *incindível* – articulado contribui para a resposta a dar.

O articulado único – a petição conjunta – concentra em si próprio as tomadas de posição, de facto e de direito, de cada uma das partes, a formulação de ambas as pretensões, as proposições probatórias do autor e do réu – isto é, sintetiza o que na acção sob o *RPE comum* aparece cindido em *petição inicial* (para o autor) e em *contestação* (para o réu). É um articulado (único) que é apresentado *conjuntamente* em juízo. E é ele que dá inicio à instância da acção.

Se *duas taxas de justiça* fossem de exigir, neste caso, uma ao autor e outra ao réu, ficaríamos sempre com o problema de saber qual a consequência inerente à falta (apenas) da taxa inicial devida pelo réu –

---

[160] V. artigo 18.º, n.º 1, *2ª parte*, do DL 108/2006.
[161] V. artigo 18.º, n.º 2, do DL 108/2006.
[162] Ou, como diz a lei, *quando as partes apresentem a acção nos termos do n.º 1 do artigo 9.º*.
[163] Cit. artigo 18.º, n.º 1.
[164] V. artigo 18.º, n.º 2, do DL 108/2006.
[165] Como dizemos, neste caso, não é devida *taxa de justiça subsequente* (artigo 8.º, n.º 1).

recusa da petição, quando o autor até pagou (?), desentranhamento da contestação[166], que é incindível naquele articulado (?) ...

Pensamos – por isto – que para o seguimento da instância, assim iniciada, basta o pagamento de *uma única taxa de justiça inicial*, se bem que de *valor dobrado*, e de que são conjuntamente responsáveis autor e réu[167]; entendimento que nos parece corroborado pela circunstância de, nesta acção declarativa cível subordinada à disciplina do RPE especial, a taxa de justiça ser reduzida a metade[168].

Então, se o articulado conjunto chegar a juízo desacompanhado do documento comprovativo do prévio pagamento dessa (única mas de valor dobrado) taxa de justiça inicial o que há-de acontecer é o que segue – ou o seu recebimento é recusado pela secretaria[169]; ou, sendo enviada através de correio electrónico[170], e não sendo enviado depois o documento comprovativo do pagamento, em cinco dias, é desentranhada a petição conjunta apresentada[171].

Em qualquer caso a consequência do incumprimento tributário há-de naturalmente ser mais aproximada ao regime geral que a lei prevê para a petição inicial (apenas) do autor. O que se compreende, não só por serem (uma e outra) as peças com que a instância começa, como por a petição inicial (só) do autor ser, em regra, a *peça modelar* de todas as demais que são produzidas pelas partes[172].

---

[166] V. artigo 486.º-A, n.º 6, do Código de Processo Civil.
[167] V. o que consta no artigo 13.º, n.º 2, do Código das Custas Judiciais.
[168] V. cit. artigo 18.º, n.º 1, DL 108/2006.
[169] Nos termos do artigo 474.º, alínea f), do CPC; no caso de ser apresentada por uma das formas possíveis, elencadas no artigo 150.º, n.º 1, alíneas a), b), ou c), do CPC. Claro que estamos no quadro aplicável do Código de Processo, por falta ainda de regulamentação da prática electrónica dos actos, prevista no artigo 3.º do DL 108/2006.
[170] V. artigo 150.º, n.ºs 1, alínea d), e 3 do CPC.
[171] V. artigo 150.º-A, n.º 3, do CPC. A respeito de um caso de desentranhamento da petição inicial, v *Acórdão da Relação de Lisboa de 3 Fevereiro 2005 in CJ XXX-1-105.*
[172] A este respeito entende-se, por exemplo, que o disposto no artigo 474.º CPC, respeitante à *recusa da petição pela secretaria*, é de aplicar com as devidas adaptações a todos os restantes articulados – v *Paulo Pimenta* e *Montalvão Machado* in *"O Novo Processo Civil", Almedina, 5ª edição, página 142 (nota 323).*

V – O PARADIGMA DA FORMA DE PROCESSO NO REGIME PROCESSUAL EXPERIMENTAL

1. A fase dos articulados (artigos 8.º e 9.º)

Sob a epígrafe de *"Processo"*, o Capítulo III do Decreto-Lei n.º 108/ /2006 contém o essencial da marcha do processo, segundo o (novo) modelo ou paradigma que se quer implementar, aplicável às acções apontadas no artigo 1.º[173].

Essa (inovatória) marcha do processo pode *iniciar-se* sob um de dois modos indicados na lei. Em *1.º lugar*, sob o modo – a que chamamos *comum* – narrado no artigo 8.º, correspondente no essencial à tramitação que é habitual os autos terem nos tribunais, com os articulados típicos de cada uma das partes; em *2.º lugar*, sob o modo – a que chamamos *especial* – narrado no artigo 9.º, como apresentação conjunta da acção pelas partes, e traduzido na junção por elas de um único articulado (comum), a chamada petição conjunta.

1) *Forma comum (artigo 8.º)*

1). 1. O artigo 8.º – o primeiro do Capítulo – contém a regulação da fase inicial do processo – a chamada *"fase dos articulados"* – naquele *modo comum*. É dirigido, por isso, e essencialmente, aos procedimentos de cada uma das partes, no início da acção, quando estas não optem pelo mecanismo especial, previsto no seguinte artigo 9.º, de apresentação conjunta da acção – o sobredito modo especial.

---

[173] Portanto, como dissemos, a *todas* as acções a que o Código de Processo Civil faz corresponder as formas de processo comum, ordinária, sumária e sumaríssima; bem como as acções declarativas do Regime Anexo ao Decreto-Lei n.º 269/98.

1). 2. A definição de articulados consta do artigo 151.º, n.º 1, do Código de Processo Civil. Tratam-se das peças em que as partes expõem os fundamentos da acção e da defesa e onde formulam os pedidos correspondentes.

O novo paradigma de forma de processo vem acentuar a regra da existência tendencial, em cada acção, de apenas dois articulados – a *petição inicial* (articulado do autor) e a *contestação* (articulado do réu). Admitindo, excepcionalmente, um terceiro articulado, de *resposta à contestação* (do autor), mas apenas quando (1) a acção seja de simples apreciação negativa ou (2) na contestação o réu tiver deduzido pedido reconvencional[174].

Elimina-se, assim, a possibilidade que era dada no Código de Processo, quer na forma ordinária[175], quer na sumária[176], de poder o autor apresentar articulado de resposta[177] à matéria de excepção – dilatória ou peremptória – que o réu houvesse deduzido na contestação. O que conduz ao problema de saber, neste caso, do modo como pode funcionar o contraditório do autor.

De facto, parece-nos inequívoco que este contraditório jamais pode ser preterido, e não só pela mera razão formal de o artigo 3.º, n.º 3, do Código de Processo Civil o impor. Substancialmente, se o réu em contestação alega um facto novo, de excepção, só o uso do contraditório do autor permitirá fazer funcionar o mecanismo do artigo 490.º do Código de Processo Civil, para que genericamente remete o artigo 505.º do mesmo diploma. A não ser que se entenda que tal facto novo é sempre *controvertido* – mas aí, a nosso ver, sem cabal justificação na lei e, também, em preterição de uma simplificação, e maior economia, que a *admissão por acordo* de factos sempre melhor permite atingir.

Para dar resposta a questões deste tipo, já o artigo 3.º, n.º 4, do Código de Processo Civil viera estabelecer que às excepções deduzidas no último articulado admissível, pode a parte contrária responder na audiência preliminar ou, não havendo lugar a ela, no início da audiência final.

Só que, no caso do RPE, esta resposta não é totalmente satisfatória[178]. O artigo 10.º, n.º 1, do Decreto-Lei n.º 108/2006 estabelece o

---
[174] É o que estabelece o n.º 3 deste artigo 8.º.
[175] Artigo 502.º, n.º 1, do CPC.
[176] Artigos 785.º e 786.º, do CPC.
[177] Chamada *réplica* na acção ordinária e *resposta à contestação* na forma sumária.
[178] A nosso ver, o *exercício do contraditório* a que se refere o artigo 10.º, n.º 2, alínea a), do DL 108/2006 não será propriamente aquele a que aqui nos queremos referir,

V – O paradigma da forma de processo no regime processual experimental 67

proferimento do despacho saneador, para conhecimento de excepções dilatórias[179] e, porventura, do mérito da causa[180], num momento antecedente ao da audiência preliminar[181], o que significa que o operar do contraditório não pode[182] esperar por esta audiência.

A nosso ver a resposta correcta passa pelo uso, em cada caso, das faculdades de adaptação e adequação do processo – concedidas no artigo 2.º, alínea a) – e que permitem ao juiz, se for conveniente, determinar o contraditório do autor, a operar em prazo e mediante um *novo* articulado que este poderá, querendo, apresentar previamente à prolação do despacho saneador, e como *preparatório* deste.

A nosso ver, ainda, esta mesma resposta deverá merecer uma outra questão, qual seja, a do operar do contraditório (aqui de banda do réu) da matéria de excepção à reconvenção, que o autor suscite na sua resposta à contestação.

Outra questão que se pode suscitar será a de saber se, na falta de acordo das partes, podem ainda o pedido ou a causa de pedir ser alterados ou ampliados na *resposta à contestação*, se o processo a admitir[183]. Julgamos que a resposta terá de ser negativa, ao menos, em princípio[184]; é

---

mas *outro* que, na sequência do saneador, e havendo a causa de prosseguir, o *juiz ainda descortine como necessário de operar*, à luz do princípio geral do art. 3.º, n.º 3, do CPC e no contexto de questões a conhecer em momento de sentença final.

[179] Alínea a) do artigo 10.º, n.º 1.

[180] Alínea b) do artigo 10.º, n.º 1. Veja-se que, neste conhecimento de mérito, pode caber a apreciação de alguma excepção peremptória, seja acolhendo-a, seja julgando-a improcedente (v. artigos 510.º, n.º 1, alínea b), 691.º, n.º 2, e 695.º, n.º 1, do CPC). Em qualquer dos casos, se o conhecimento de mérito for meramente parcial, a acção deverá continuar, em princípio, com agendamento de audiência preliminar (v. artigo 10.º, n.º 2, DL 108/2006).

[181] Como resulta dos n.ºs 1 e 2, do artigo 10.º, recebidos os autos, o juiz profere logo o despacho saneador, cuja vocação natural é a do conhecimento de questões de índole adjectiva, e é *nesse despacho* que, se o processo houver de prosseguir, convocará (em princípio) a audiência preliminar, a ter lugar, naturalmente, só mais tarde.

[182] Ou, se quisermos, *não deverá*. É que, se o regime novo o que quer é *aligeirar* e *flexibilizar* a marcha da instância, então haveremos de supor que, na normatividade concreta, as soluções encontradas são as que melhor se adaptam e adequam a esse objectivo.

[183] Essa alteração está prevista para a *réplica* da acção ordinária no artigo 273.º, n.º 1 e n.º 2, *proémio*, do CPC. À sua luz, já se entendia que o regime não era aplicável a *resposta à contestação* da acção sumária.

[184] Ressalvamos aqui – como sempre – a hipótese do ajustamento jurisdicional, nos termos do artigo 2.º, alínea a), do DL 108/2006. Suponha-se, por exemplo, uma hipótese

que nem a actual *resposta* se identifica com qualquer articulado de acção comum, previsto no Código de Processo e em que essa faculdade seja admitida; nem, por outro lado, se lhe vislumbra essa função na letra ou no espírito do artigo 8.º do Decreto-Lei n.º 108/2006, em análise[185].

1). 3. O n.º 1 do artigo 8.º estabelece que, na *petição inicial*, o autor expõe a sua pretensão e os respectivos fundamentos. Somos assim remetidos para o articulado mais nobre da causa[186] e o articulado típico do autor.

A ele se refere, de modo algo exaustivo, e em particular, o artigo 467.º do Código de Processo Civil. À *exposição da pretensão*, referida no n.º 1 do artigo 8.º, em análise, podemos fazer corresponder, naquele artigo 467.º, o dever do autor de *formular o pedido*[187]. À *exposição dos respectivos fundamentos* podemos fazer corresponder a *exposição dos factos e das razões de direito que servem de fundamento à acção*[188]. Ao autor – neste novo modelo de processo, como aliás sempre – se impõe, como requisitos fundamentais do seu articulado, o ónus de (no mínimo), por um lado, traçar rigorosamente o seu pedido, pois será no rigor desse traço que, mais tarde, a sentença se irá alicerçar[189], por outro, expor com exaustão e lucidez os factos que o alicerçam[190].

O sublinhar destes aspectos – *pretensão* e *fundamentos* – não pode todavia, e segundo pensamos, afastar os demais requisitos de forma enunciados no citado artigo 467.º do Código de Processo Civil. O autor deve, assim, continuar a proceder às indicações neste elencadas, pois se não

---

em que o autor, argumentando com as particulares especificidades da causa concreta, venha pedir a autorização do juiz para proceder a essa alteração – do pedido ou da causa de pedir – e este, ao abrigo daquele normativo, conceda essa autorização, procedendo à adopção das adaptações necessárias na tramitação da causa.

[185] No sentido de que no RPE "*fica vedada a possibilidade de alteração do pedido ou da causa de pedir na resposta*" v *Mariana França Gouveia in ob. cit., página 86*.

[186] Trata-se – além do mais – do articulado *modelar* para todos os demais. Além disso, é ele que faz nascer a instância (artigo 267.º, n.º 2, do CPC) e é à luz do seu conteúdo que hão-de ser aferidos os vários pressupostos processuais (v. artigo 26.º, n.º 3, *in fine* do CPC a respeito do conceito de legitimidade).

[187] Cit. artigo 467.º, n.º 1, alínea e), do CPC.

[188] Cit. artigo 467.º, n.º 1, alínea d), do CPC.

[189] V., por exemplo, os artigos 660.º, n.º 2, e 661.º, n.º 1, do CPC.

[190] Certo que só neles o juiz pode fundar a sua decisão – v. artigos 342.º, n.º 1, do Código Civil, 264.º, n.º 2, *proémio*, e 664.º, do CPC.

concebe que, por exemplo, deixe de identificar as partes[191] ou de indicar o domicílio profissional do mandatário[192].

A petição inicial deve, em regra, manter a sua forma articulada. Pelo n.º 4 deste artigo 8.º sabemos que só assim não será nas causas em que o patrocínio judiciário não seja obrigatório[193]. Estas causas estão definidas no artigo 32.º do Código de Processo Civil, segundo o qual é obrigatória a constituição de advogado (além do mais) nas causas de competência de tribunais com alçada, em que seja admissível recurso ordinário (alínea a), do n.º 1), bem como nas causas em que seja sempre admissível recurso, independentemente do valor (alínea b), do n.º 1).

Resulta, ainda, do n.º 5 deste artigo 8.º que o autor, na petição inicial, deve:

i. Requerer a gravação da audiência final ou a intervenção do colectivo;
ii. Apresentar o rol de testemunhas[194] e requerer outras provas;
iii. Indicar de forma discriminada os factos sobre os quais recaem a inquirição de cada uma das testemunhas[195];
iv. Indicar de forma discriminada os factos sobre os quais recai a restante produção de prova.

---

[191] Artigo 467.º, n.º 1, alínea a). Relevante, desde logo, em termos de possibilitar a citação do réu.

[192] Artigo 467.º, n.º 1, alínea b). Relevante, desde logo, para efeitos de envio de notificações.

[193] No regime do CPC, é *obrigatória* a dedução por artigos dos factos que interessem à fundamentação do pedido (artigo 151.º, n.º 2); embora depois haja algumas excepções, como acontece no caso do processo sumaríssimo (artigo 793.º). No Regime Anexo ao DL 269/98, os articulados não carecem de forma articulada (artigo 1.º, n.º 3).

[194] A respeito da *prova testemunhal*, deve o autor atender à limitação de 10 testemunhas, indicada no artigo 11.º, n.º 1. Deve, por outro lado, requerer a respectiva notificação para comparência na audiência final ou a sua inquirição por teleconferência; se o não fizer, as respectivas testemunhas hão-de ser a apresentar (artigo 11.º, n.º 5, DL 108/ /2006).

[195] Sobre cada facto, a parte não pode produzir mais de três testemunhas – artigo 11.º n.º 3 DL 108/2006. Mas ao invés da limitação das 10 testemunhas, referida no n.º 1 do mesmo artigo, entendemos que nesta indicação não há que ter em conta essa restrição. A discriminação dos factos, nesta fase, é ainda provisória e meramente tendencial; apontando ainda neste sentido a letra da lei – ao passo que o autor não pode *oferecer* mais de 10 testemunhas para fundar a acção (n.º 1); a cada facto o que não pode é *produzir* mais de três (n.º 3), embora possa oferecer um número superior. Aliás, se as testemunhas vão declarar que *nada sabem* (e estas não contabilizam) ainda não é possível descortinar no acto da indicação (cit., n.º 3, *in fine*).

Nas formas comuns do Código de Processo, ordinária e sumária[196], e à excepção da prova documental[197], era *uma faculdade* do autor – concedida no n.º 2 do artigo 467.º – a de poder, no final da petição, desde logo, apresentar o rol de testemunhas e requerer outras provas. Faculdade, aliás, também concedida ao réu, na contestação, por via do funcionamento do princípio da igualdade substancial das partes, decorrente do artigo 3.º-A do Código de Processo Civil. Faculdade, ainda, estendida aos demais articulados em que viessem ser alegados factos novos, dado a petição inicial retratar – como dissemos – o modelo para os restantes.

Tratava-se aqui de uma antecipação do momento natural, e vocacionado, para a apresentação dos requerimentos probatórios, que se situava na sequência da notificação da base instrutória[198]. Por outro lado, não se exigia, como regra, que, por ocasião de apresentação de tal requerimento – fosse quando fosse –, se indicasse logo o facto concreto sobre que se pretendia fazer incidir o meio probatório. Essa indicação, relacionada com o apuramento do *objecto da prova* (artigo 513.º do Código de Processo Civil), acompanhava habitualmente a prova documental, por exemplo; ou ainda era imposta por lei na prova por confissão (artigo 552.º, n.º 2) e na prova pericial (artigo 577.º, n.º 1, do Código de Processo Civil). Mas já quanto à prova testemunhal não houve nunca o hábito, nem a necessidade, dessa indicação prévia; o que acontecia, nesta, era a indicação dos factos sobre que a testemunha iria depor, mas na ocasião imediatamente anterior à da prestação do próprio depoimento, já no contexto da audiência final (desde logo, para efeitos de controle das limitações dos artigos 633.º ou 789.º do Código de Processo Civil). Naturalmente – embora – que jamais essa indicação fez preterir o funcionamento, em todo o seu alcance, do importante princípio probatório da *aquisição processual* estabelecido no artigo 515.º do Código de Processo Civil.

Como é bom de ver, o RPE introduz, aqui, algumas novidades. E opta, no seu essencial, pelo acolhimento de um regime próximo ao da

---

[196] À excepção da sumaríssima, onde a regra era já a do oferecimento das provas com os articulados (artigos 793.º e 794.º, n.º 1, do CPC). No Regime Anexo ao DL 269/98 as provas são oferecidas pelas partes na própria audiência (artigo 3.º, n.º 4, *proémio*).

[197] Artigo 523.º, n.º 1, do CPC.

[198] Na audiência preliminar (artigo 508.º-A, n.º 2, alínea a), do CPC) ou, na falta desta, na sequência de notificação para o efeito, concomitante com a do despacho saneador (artigo 512.º, n.º 1, do CPC).

V – O paradigma da forma de processo no regime processual experimental

forma sumaríssima[199], também já seguido, no Código de Processo, para a marcha dos procedimentos cautelares e dos incidentes da instância[200]. Diríamos que não vemos especiais vantagens na indicação obrigatória dos meios de prova logo com a petição[201]. E menos ainda, no caso do RPE, em que, numa fase subsequente do processo, vai ser elaborada – em princípio – uma base instrutória[202] que vai restringir, de todos os factos articulados pelas partes, apenas aqueles relevantes, com interesse para a decisão da causa, que se consideram controvertidos e, por isso, únicos carentes de instrução[203].

Ou seja, vincular as partes a, antes mesmo de conhecer os *factos a provar*, indicar as *provas a produzir*, pode significar procedimento inútil, se se vier a apurar, por exemplo, ou que os factos para que a prova foi indicada são irrelevantes à boa decisão da causa ou, de outro lado, que alguns desses factos vieram a ser provados, por acordo obtido em audiência preliminar, e portanto não carecem da produção de qualquer prova[204].

Na mesma sequência, não se vê também qual a vantagem na obrigatoriedade, logo na petição, da indicação discriminada dos factos a provar pelo concreto meio de prova[205]. Em particular, quanto à prova testemunhal, não se vislumbra qualquer necessidade nessa indicação, em momento antecedente ao da própria inquirição de cada testemunha, na audiência de julgamento, precisamente após o momento do juramento, interrogatório preliminar e perguntas sobre os chamados "*costumes*"[206] e antes da prestação do depoimento propriamente dito[207].

Aliás, e ainda quanto à prova testemunhal, essa indicação imediata do facto pode até mostrar-se problemática nalgumas situações[208] – por

---

[199] V. artigos 793.º e 794.º, n.º 1, já antes indicados.
[200] V. artigos 384.º, n.º 3, e 303.º, n.º 1, do CPC.
[201] E também com os demais articulados – contestação e resposta.
[202] Artigo 10.º, n.º 2, alínea a), do DL 108/2006.
[203] V. artigos 508.º-A, n.º 1, alínea e), 511.º, n.º 1, e 513.º do CPC.
[204] Prova que, aliás, nesse caso, se configuraria como ilegal, à luz do artigo 646.º, n.º 4, do CPC.
[205] À excepção daqueles casos em que essa indicação já resulta do CPC, mas a acompanhar o requerimento probatório, no momento certo e muito mais oportuno.
[206] V. artigo 635.º, n.º 1, do CPC.
[207] V. artigo 638.º do CPC.
[208] A questão mais geral a que aqui queremos fazer apelo é esta – *será que a indicação dos factos sobre que há-de recair a prova a produzir faz precludir a possibilidade de essa prova incidir sobre outros factos?*

exemplo, se pode o autor, no início da audiência, pedir a ampliação do depoimento de uma testemunha a outros factos controvertidos, não indicados para ela por ocasião da apresentação da petição inicial (?); ou se uma testemunha, inicialmente indicada a factos, que se vieram a revelar todos provados por acordo das partes, ainda assim, pode depor em audiência, então naturalmente, a outros factos ainda controvertidos (?).

Aparentemente, de acordo com o artigo 11.º, n.º 4, do Decreto-Lei n.º 108/2006, *o juiz recusa a inquirição*[209]. Mas esta norma também não é isenta de dúvidas; é que, se um facto é assente, em regra, só a conjugação dos articulados que se produzam permite antever; se é irrelevante para a decisão da causa, então nem sequer é seleccionado no momento da condensação[210] – que necessidade então de exigir a indicação da prova para eles, impondo aliás, e por acréscimo, um despacho judicial de indeferimento, perfeitamente escusável?

O n.º 5 do artigo 8.º do Decreto-Lei n.º 108/2006, no seu extracto final, prescreve que a parte a quem é oposto o último articulado admissível pode alterar, ainda, nos 10 dias subsequentes à respectiva notificação, o requerimento probatório anteriormente apresentado. Parece ser a tentativa de resposta a algumas das perguntas acima formuladas. Mas sem êxito, a nosso ver; de um lado, trata-se de relegar para as partes a *correcção* de um procedimento anterior, cuja necessidade não resulta de qualquer erro seu cometido mas, no fundo, do conteúdo da resposta obtida da parte contrária a esse procedimento[211]; do outro, esquece-se que a obtenção de consensos, quanto à matéria de facto, é em muito tributária do acto da audiência preliminar que, só no futuro, irá ter lugar[212].

---

[209] Pelo menos a inquirição da testemunha aos *factos inicialmente indicados*. Mas, a ser assim, apetece perguntar – para quê então a necessidade e o trabalho de a ter arrolado como testemunha? A única resposta razoável parece-nos ser a de que aquela *indicação inicial dos factos* é *sempre* meramente *provisória* e *tendencial*, podendo a parte aproveitar a testemunha e reconverter para outros factos, verdadeiramente controvertidos, o objecto do seu depoimento.

[210] V. artigo 511.º, n.º 1, do CPC.

[211] O que, desde logo, e por si, se nos não afigura totalmente correcto. Já para não falar do prejuízo de economia processual e da existência actos que se praticam com a consciência de, mais tarde, haverem de ser muito previsivelmente corrigidos e rectificados, em preterição das regras de não prática de actos inúteis (art. 2.º, alínea b), do DL 108/06) e da prática daqueles melhor adequados aos fins em vista (artigo 2.º, alínea a), mesmo DL).

[212] Artigo 10.º, n.º 2, alínea a), do DL 108/06 e 508.º-A, n.º 1, alínea c), e alínea e), do CPC.

A petição inicial contém, ainda, o pedido de gravação da audiência ou de intervenção do colectivo. Ao registo dos depoimentos prestados em audiência se refere – além do mais – o art. 522.º-B do Código de Processo Civil; neste Código, o pedido de gravação ocorre por ocasião dos requerimentos probatórios[213], sendo que, na forma sumária, apenas se a decisão final admitir recurso ordinário a gravação pode ter lugar[214].

É uma limitação que se compreende diante das finalidades reconhecidas à gravação e que é permitir um efectivo recurso sobre a matéria de facto (artigos 690.º-A e 712.º, n.º 1, alínea a), e n.º 2, do Código de Processo Civil). É também esta a disciplina do regime anexo ao Decreto-Lei n.º 269/98 – v. artigo 3.º, n.º 3.

Mas isto, então, deixa-nos um problema ao nível do (novo) paradigma de forma de processo, a que se chama de RPE – se a acção, tramitada segundo o novo regime, não admitir recurso ordinário, ainda assim, cabe às partes a faculdade de requererem a gravação da audiência?

Afigura-se-nos que não. Se a impugnação da decisão proferida sobre a matéria de facto estiver vedada porque – por exemplo – o valor da causa não permite esse recurso, julgamos que está vedada também a faculdade de gravação da audiência, que só a possibilidade daquela impugnação permite justificar.

À intervenção do colectivo – que hoje é residual no processo civil – se refere, em particular, o artigo 646.º, n.º 1, do Código de Processo Civil para estabelecer, mas só quanto à forma ordinária, que a respectiva intervenção tem lugar se ambas as partes assim o tiverem requerido.

O regime do Decreto-Lei n.º 108/2006 causa, sob este prisma, também, algumas perplexidades. Desde logo, parece-nos que o RPE não pode dispensar o acordo de ambas as partes para permitir a intervenção do tribunal colectivo. Porém, mais importante do que isso, será o problema de saber se, representando o RPE a unificação das três formas de processo comum (ordinária, sumária e sumaríssima), diante de uma acção a que, nos termos do Código de Processo, corresponda a forma sumária (para já não dizer aquelas a que corresponda a forma sumaríssima) – forma para a qual a lei já oportunamente, desde o Decreto-Lei n.º 375--A/99, de 20 de Setembro, afastou o tribunal colectivo –, ainda será possível a intervenção do tribunal colectivo (?).

---

[213] V. artigos 508.º-A, n.º 2, alínea c) e 512.º, n.º 1, do CPC.
[214] V. artigo 791.º, n.º 2, do CPC.

Terá o Decreto-Lei n.º 108/2006 querido reactivar e fazer renascer a intervenção do colectivo? E, desta forma, não só para as acções que, tradicionalmente, conheciam a forma ordinária, mas também para aquelas que conheciam a forma sumária, e até a sumaríssima (bastando, para isso, o acordo das partes)?

É que o diploma não responde; limita-se a conceder às partes, nas acções (aparentemente, em todas) que sigam esta nova tramitação, a faculdade de, com os articulados, requererem a intervenção do colectivo ...

A resposta – ainda assim – afigura-se-nos *obviamente* negativa. De acordo com a Lei Orgânica dos Tribunais Judiciais – Lei n.º 3/99, de 13 Janeiro, já com sucessivas alterações – ao tribunal colectivo compete apenas julgar as questões de facto e apenas nas acções declarativas de *valor superior à alçada dos tribunais da Relação* – v artigo 106.º, alínea b), *proémio*. A intervenção do colectivo – também no RPE – está limitada a estas acções.

1). 4. O n.º 2 do artigo 8.º estabelece que o réu é citado para contestar no prazo de trinta dias.

No regime do Código de Processo incumbe, por regra, à secretaria promover oficiosamente, *sem necessidade de despacho prévio*, as diligências que se mostrem adequadas à efectivação da regular citação pessoal do réu[215]. A citação depende, porém, de prévio despacho judicial nalguns casos que são elencados e, em particular, nos casos especialmente previstos na lei[216]. Além disso, ainda que na acção não deva ter lugar o despacho liminar, a secretaria pode suscitar a intervenção do juiz quando se lhe afigura manifesta a falta dum pressuposto processual insuprível de que o juiz deva conhecer oficiosamente[217].

E quanto às acções declarativas cíveis cobertas pelo RPE? A citação é oficiosa ou impõe-se o despacho liminar? Como deve – nessas – proceder a secretaria: empreende imediatamente as diligências necessárias à citação do réu ou, ao invés, apresenta os autos ao juiz para despacho?

Já nos pudemos pronunciar sobre esta questão.

O (novo) regime processual experimental quer – como vemos – abarcar a generalidade das acções declarativas cíveis, sem ter em conta

---

[215] V. artigos 234.º, n.º 1, e 479.º, do CPC.
[216] V. artigo 234.º, n.º 4, alínea a), do CPC.
[217] V. artigo 234.º-A, n.º 5, do CPC.

V – O paradigma da forma de processo no regime processual experimental 75

outro critério qualquer que não esse – que a acção seja *declarativa* e *cível*. Ora, esta vocação universal ofusca – ao menos num primeiro momento – as outras especificidades inerentes a cada acção[218], e que podem não ser indiferentes à dinâmica processual que se avizinha e à dialéctica da intervenção das partes.

Ao mesmo tempo, este (novo) regime, no seu paradigma de marcha de processo, procede a uma formatação e modelação uniformes, de procedimentos e de actos, destinadas a atingir todos os casos e acções.

É então ao juiz que é deixado o poder-dever de *adoptar a tramitação processual adequada às especificidades da causa*[219]. Como antes referimos, é ao juiz – segundo nos parece – que compete fazer os ajustamentos à tipicidade do caso, que o paradigma do (novo) RPE deixa na penumbra. *E bem pode acontecer que esse ajustamento logo se justifique, no momento liminar seguinte à apresentação em juízo da petição inicial.*

Como dissemos, pode não se justificar – por exemplo –, pelo valor reduzido da acção e pela sua extrema simplicidade, que o prazo para contestar seja o de 30 dias, mas apenas o de quinze dias[220] – o que o juiz, em *despacho liminar*, pode e deve dizer.

Em suma, quer-nos parecer que, para as acções declarativas cíveis cobertas pelo (novo) regime processual experimental, *se impõe o despacho liminar do juiz* – que pode ser meramente o de citação (sem mais)[221],

---

[218] Por exemplo, o seu objecto particular, o relevo dos interesses em jogo, a importância dos valores em discussão na causa.

[219] Artigo 2.º alínea a), *proémio*, do DL 108/2006.

[220] Aliás, compreende-se mal que um diploma que pugna, de um modo tão acentuado, pela celeridade, pela aceleração e pela simplificação, com tantas poupanças de tempo e de prazos – e às vezes até a despropósito – imponha *sempre* um prazo de 30 dias para contestar, para todos os casos, mesmo para os mais simples e básicos. E não podemos esquecer que se presume que *o legislador consagrou as soluções mais acertadas* (artigo 9.º, n.º 3, do Código Civil).

Veja-se, por outro lado, e por exemplo, o normativo do artigo 1.º, n.º 2, do Regime Anexo ao DL 269/98 (redacção do DL 107/2005 1 Jul.) que distingue o prazo para contestar, consoante a importância da causa, sendo de 15 dias *se o valor da acção não exceder a alçada da 1ª instância* ou de 20 dias *nos restantes casos*.

[221] O que então significará, ao menos nesse primeiro momento, uma *adesão tabelar* ao paradigma de forma de processo do RPE estabelecida pelo normativo do DL n.º 108/2006. Sublinhamos: sendo a *adesão tabelar e tácita*, como aqui suposto, não fundamentada, ela não gera caso julgado formal e faculta a que, mais tarde, se venham a fazer outros ajustamentos adequados à marcha do processo.

como pode ser aquele de adopção de um qualquer modelo processual que se julgue o adaptado às especificidades da causa[222].

Se é a secretaria que recebe a petição inicial e, por conseguinte, a causa[223] já não é a ela que compete definir a tramitação adequada que vai ser seguida; esta é uma tarefa cometida – em exclusivo – ao juiz que, em todos os casos, *adopta* – e não *adapta* – a marcha processual que *julga* ajustada a cada causa. Deve, por isso, sempre, nestes casos cobertos pelo RPE, a secretaria apresentar ao juiz os autos para que se pronuncie.

E é portanto este um caso em que, a nosso ver, a lei *especialmente* – embora não *expressamente* – prevê o despacho liminar, à luz do artigo 234.º, n.º 4, alínea b), do Código de Processo Civil.

1). 5. Já quanto ao *acto de citação*, propriamente dito, pensamos que se mantêm, no essencial, válidos todos os preceitos do Código de Processo relativos ao modo de chamada do réu para se defender – ou seja, os preceitos referentes à citação.

E apenas no que respeita à *citação edital* temos algumas especificidades no RPE, contidas no artigo 5.º do Decreto-Lei n.º 108/2006.

A citação do réu é um dos actos fundamentais da marcha do processo. É o acto pelo qual se dá conhecimento ao réu de que foi proposta contra ele determinada acção e se chama ao processo para se defender[224].

A par da citação pessoal[225], o Código de Processo reconhece a modalidade de citação edital; cabendo esta quando *o citando se encontre ausente em parte incerta*, nos termos dos artigos 244.º e 248.º do Código de Processo Civil ou quando *sejam incertas as pessoas a citar* ao abrigo do art. 251.º do Código de Processo Civil[226].

No 1.º caso, e desde logo, pode acontecer que o autor na petição inicial embora identificando quem seja a pessoa do réu, o indique como ausente em parte incerta[227]. Nesse caso, terão lugar as diligências que o

---

[222] A coberto do cit. artigo 2.º, alínea a), *proémio*. Aqui, por regra, tratar-se-á de uma decisão motivada e fundamentada e, portanto, geradora de caso julgado formal – como, aliás, e a seu tempo, escrevemos.
[223] V. artigo 267.º, n.º 1, do CPC.
[224] V. artigos 228.º, n.º 1, e 480.º do CPC.
[225] Que é a modalidade regra de citação.
[226] V. art. 233.º, n.ºs 1 e 6, do CPC.
[227] Como lhe é permitido pela articulação dos artigos 467.º, n.º 1, alínea a), e 244.º, n.º 3, do CPC.

n.º 1 do artigo 244.º do Código de Processo Civil enumera[228] e, se o resultado for insatisfatório, concluirá o juiz pela impossibilidade de realização da citação pessoal, por o citando estar ausente em parte incerta – ficará então aberto o caminho à citação edital.

Pode, por outro lado, o autor ter indicado o domicílio do réu; só que, tentadas as várias diligências para a sua citação pessoal, todas se frustraram caindo o processo em impasse; neste caso, é também ouvido o autor que, dando nota de impasse[229], conduz o tribunal à feitura das mesmas diligências do art. 244.º n.º 1 citado que, sem resultados, fazem nascer o adequado juízo de que a citação pessoal não é possível, razoavelmente[230], por o citando estar em parte incerta – é aqui também o caminho aberto à citação edital[231].

É nossa opinião, a de que a feitura da citação edital, e das diligências legais que a precedem, supõe *sempre* um requerimento nesse sentido da parte interessada, em regra, do autor. Isto é, julgamos que a citação edital nunca tem lugar oficiosamente, por única iniciativa do juiz. É que o autor pode ter interesse na citação pessoal, e não lhe interessar a edital, dados os efeitos distintos da falta de contestação do réu, inerentes a uma e outra das situações; pode, por isso, bem acontecer que o autor, ele próprio, queira diligenciar, neste caso, por procurar o paradeiro do réu e, encontrando-o, disso vir dar conta ao tribunal, facultando-lhe as informações necessárias à realização de uma pretendida citação pessoal.

Parece-nos, também, que a citação edital depende sempre de um despacho judicial expresso que a determine, não cabendo à secretaria

---

[228] Entendemos que, neste caso, apresentada a petição inicial, deve a secretaria empreender logo as diligências prévias à citação edital; depois, se forem inconsequentes, deve ser o processo sujeito a *despacho do juiz*, de modo a que seja ordenada a feitura da citação edital. O fundamento legal para este procedimento temo-lo no artigo 234.º, n.º 4, alínea c), do CPC.

[229] O autor pode aqui tomar uma de três atitudes – ou requer alguma coisa de útil (por exemplo, indica uma nova morada para se tentar a citação pessoal), ou nada diz (neste caso, cremos que o processo fica latente, à espera de um qualquer impulso, interrompendo-se a instância se nada for requerido durante um ano nos termos do artigo 285.º do CPC) ou pede a citação edital do réu (é o caso que temos em vista).

[230] Juízo que o juiz formulará no seu despacho a ordenar a citação edital.

[231] Sobre os requisitos da citação edital podem consultar-se os Acórdãos do Supremo Tribunal da Justiça de 19 de Março de 2002 in CJ (STJ) X-1-145, da Relação do Porto de 10 de Março de 2003 in CJ XXVIII-2-168, da Relação de Évora de 27 de Março de 2003 in CJ XXVIII-2-241 e da Relação de Évora de 9 de Junho de 2005 in CJ XXX-3-256.

judicial empreendê-la sem esse despacho. É que esta modalidade de citação está dependente de pressupostos estabelecidos na lei, cuja preterição envolve consequências gravosas (artigo 195.º, n.º 1, alínea c), do Código de Processo Civil) e que, por isso, merece um juízo jurisdicional casuístico.

Em qualquer das situações tem lugar a formalização da citação edital[232]. No caso do RPE, esta – diz o n.º 1 deste artigo 5.º – é feita pela publicação de anúncio em página informática de acesso público, nos termos regulamentares de Portaria do Ministro da Justiça[233]. Além disso, é também afixado um edital[234] na porta da casa da última residência que o citando teve no país, sempre que o autor indique o réu como ausente em parte incerta (é o n.º 2 deste artigo 5.º).

Questão é saber *quando é que o autor indica o réu como ausente em parte incerta* para os termos desta artigo 5.º, n.º 2 (?) Será apenas quando o faz na petição inicial? Ou será ainda quando, não o tendo ali feito, vem acabar por o fazer (nem que seja tacitamente, quando vier a pedir a

---

[232] É curioso verificar a abrangência do artigo 5.º do DL 108/2006, relativo à citação edital. Este aplica-se a *todas as acções* – diz o seu n.º 4 – e não apenas àquelas que sigam o (novo) paradigma do RPE; quer dizer, aplica-se também às acções declarativas cíveis a que corresponda processo especial – excluídas do RPE pelo artigo 1.º, mas acolhidas pelo artigo 17.º, *in fine*, para alguns efeitos (que não este) –; fundamental é que, para além de nessas acções haver lugar a esse tipo de citação, ainda elas tenham sido propostas a partir de 16 Outubro 2006 (artigo 22.º) e apenas nos tribunais determinados na Portaria n.º 955/2006.

Questão que se pode colocar é a de saber se o (novo) regime de citação edital se aplica também às *execuções* que, propostas depois de 16 Outubro 2006, pendam num dos tribunais de vigência do RPE (?) Quer-nos parecer que a resposta deve ser afirmativa, diante da abrangência que se quis dar no artigo 5.º, n.º 4, DL 108/2006, não nos parecendo relevante o argumento em contrário, meramente formal, de a letra da lei ali falar apenas em *acções*.

[233] Trata-se da Portaria n.º 1097/2006, de 13 de Outubro. Fica assim derrogado, ao menos em parte, o preceito que, no Código de Processo, estabelecia as *formalidades da citação edital por incerteza do lugar* – v. artigo 248.º CPC. Designadamente, parece-nos revogado o n.º 4 deste artigo 248.º que estabelecia alguns dos casos em que se dispensava a publicação de anúncios; agora, no RPE, a citação edital faz-se *sempre* pela publicação de anúncio. Em vigor, nos parece manter-se o n.º 5 do mesmo artigo estabelecendo que *incumbe à parte providenciar pela publicação do anúncio*. Por derrogado nos parece, também, se dever ter o artigo 249.º CPC relativo ao *conteúdo dos editais e anúncios* por ser matéria, agora, do artigo 2.º da Portaria n.º 1097/2006 cit. para que remete o artigo 5.º, n.º 1, em análise.

[234] O edital, sempre que exista, há-de reproduzir o teor do anúncio – v. o artigo 2.º, n.º 2, da Portaria 1097/06.

citação edital), na sequência da frustração de todas as diligências empreendidas para a citação pessoal? Com dúvidas, mas indo ao encontro das razões que se nos afiguram idênticas e não vendo motivos de relevo para distinto tratamento, tendemos a responder que em qualquer dos casos se deve entender que o autor indica o réu como ausente em parte incerta – só que num caso fá-lo logo inicialmente, no outro fá-lo supervenientemente por força das circunstâncias.

No 2.º caso, o que há é incerteza das pessoas a citar. Aqui, a acção é desde logo proposta contra incertos, por o autor não ter razoavelmente possibilidade de identificar os interessados directos em contradizer[235].

Para o caso desta incerteza das pessoas, e quando estas sejam citadas como herdeiras ou representantes de pessoa falecida[236] – prescreve este artigo 5.º n.º 3 –, há-de, além do anúncio, ser também afixado um edital na porta da casa da última residência do falecido no país, se for conhecida.

1). 6. O paradigma de esquema processual do RPE consagra o prazo único, para contestar, de 30 dias. Acolhe-se, assim, o prazo que o artigo 486.º, n.º 1, do Código de Processo Civil estabelece para a forma de processo comum ordinária, em detrimento dos prazos mais curtos previstos na formas sumária e sumaríssima[237].

Parece-nos, contudo, manterem-se vigentes as várias possibilidades de extensão daquele prazo, já previstas no Código de Processo, como sejam, por exemplo, as decorrentes do instituto do justo impedimento[238] ou as resultantes das vicissitudes da citação de vários réus[239] ou da existência de um motivo ponderoso que a justifiquem[240].

---

[235] V. o artigo 16.º, n.º 1, do CPC. Aos incertos se refere, ainda, o artigo 375.º do CPC, a respeito do *incidente da habilitação de herdeiros* quando sejam incertos os sucessores da parte falecida. A respeito da acção contra incertos, v. o Acórdão da Relação de Lisboa de 29 de Junho de 2006 in CJ XXXI-3-128.

[236] Ou seja, tratam-se, para o efeito deste n.º 3, de pressupostos cumulativos. Se a acção for interposta contra incertos, que nada tenham que ver com pessoa falecida, a citação edital faz-se pela mera publicação do anúncio na página informática, nos termos do n.º 1. Está, então, também derrogado parcialmente o que, a respeito da *citação edital por incerteza das pessoas*, se contém no artigo 251.º do CPC.

[237] V. artigos 783.º e 794.º, n.º 1, do CPC. V. também artigo 1.º, n.º 2, do Regime Anexo ao DL 269/98.

[238] V. artigo 146.º do CPC.

[239] V. artigo 486.º, n.ᵒˢ 2, e 3, do CPC.

[240] V. artigo 486.º, n.ᵒˢ 5, e 6, do CPC.

1). 7. O réu defende-se através do seu articulado típico, a *contestação* (artigo 487.º, do Código de Processo Civil). É nela que tem a oportunidade, ao mesmo tempo o ónus, de concentrar toda a sua defesa (artigo 489.º, n.º 1, do Código de Processo Civil).

À semelhança do que acontece, para o autor na petição inicial, na contestação o réu deve expor a sua pretensão e os respectivos fundamentos[241]; em consonância, aliás, com o que já consta no artigo 488.º, *proémio*, do Código de Processo Civil. A defesa do réu pode consistir em impugnação ou em excepção[242]; podendo, ainda, a primeira ter um cariz simples ou ser motivada, e a segunda incidir sobre excepções dilatórias ou excepções peremptórias. Do extracto final do artigo 488.º do Código de Processo Civil podemos retirar que a contestação deve especificar separadamente a *impugnação* da *excepção* e, nesta, *cada uma das excepções* que sejam suscitadas.

Numa situação muito particular, a defesa do réu, para poder ser eficaz, terá de ir além da mera impugnação ou excepção – é o caso da *acção de simples apreciação negativa*[243]. Nesta, por via da regra de direito material que impõe uma inversão do ónus da prova[244], tem o réu o ónus de invocar na contestação os factos constitutivos do direito, cuja inexistência é objecto do pedido, ou reveladores do facto, cuja inexistência é peticionada[245]. Se o não fizer, isto é, se neste caso a contestação não contiver tais *factos constitutivos*, a consequência há-de ser a imediata procedência da acção, logo no saneador, com o conhecimento de mérito em sentença e inerente declaração da pedida inexistência do direito ou do facto.

Finalmente, o réu pode utilizar o seu articulado de contestação para nela, e com a função de petição, deduzir pedidos contra o autor (artigo

---

[241] É a aplicação, ao réu e à contestação, do preceito do artigo 8.º, n.º 1, do DL 108/ /2006, relativo ao autor e à petição inicial, por força do princípio da igualdade substancial contido no artigo 3.º-A do CPC.

[242] V. artigo 487.º, do CPC.

[243] Diz-se de apreciação negativa a acção que tem por fim unicamente obter a declaração da inexistência de um direito ou de um facto (artigo 4.º, n.º 2, alínea a), do CPC).

[244] Trata-se do disposto no artigo 343.º, n.º 1, do Código Civil, segundo o qual nestas acções compete ao réu a prova dos factos constitutivos do direito que se arroga.

[245] A respeito da acção de simples apreciação negativa, os Acórdãos do Supremo Tribunal de Justiça de 30 Janeiro 2003 in CJ (STJ) XXVIII-1-68 e da Relação de Lisboa de 3 de Abril de 2003 in CJ XXVIII-2-107.

274.º, n.º 1, do Código de Processo Civil) – é a chamada *reconvenção*[246]. Neste caso, na data da apresentação da contestação[247], nasce uma *instância reconvencional*, enxertada na primitiva acção, mas com uma configuração de autonomia em vários dos seus traços[248].

Questão curiosa que se pode levantar é a de saber se *pode o juiz admitir uma reconvenção fora dos casos previstos e elencados no artigo 274.º n.º 2 Código de Processo Civil* (?); isto é, se a par de uma *admissibilidade legal* da reconvenção será possível, no quadro do RPE, reconhecer casos de *admissibilidade meramente jurisdicional*. Com dúvidas embora, tendemos a responder afirmativamente; se um desses casos merecer enquadramento no artigo 2.º, alínea a), *proémio*, do Decreto-Lei n.º 108/2006, isto é, se lhe for possível reconhecer *adequação às especificidades da causa* parece que ao juiz será facultado proceder à *adopção da tramitação ajustada*, que poderá passar por uma admissão de um pedido reconvencional nas sobreditas condições (fora da previsão estreita do Código de Processo).

Com estes vários contornos, a contestação – como a petição inicial – carece, em princípio, de forma articulada, salvo se a causa onde for produzida não impuser o patrocínio judiciário obrigatório – artigo 8.º, n.º 4, do Decreto-Lei n.º 108/2006. A isto acresce a necessidade de o réu, na própria contestação, requerer a prova[249] e, querendo, pedir gravação ou o tribunal colectivo, tudo a coberto e nos mais termos do artigo 8.º, n.º 5, do DL n.º 108/2006.

---

[246] O regime da *reconvenção* consta, basicamente, do disposto nos artigos 274.º e 501.º, do CPC. Deste último artigo resulta, em especial, que a reconvenção deve ser expressamente identificada e deduzida separadamente na contestação, contendo a exposição dos fundamentos e concluindo pelo pedido (n.º 1).

[247] É o que decorre da aplicação do artigo 267.º, n.º 1, do CPC, posto que, para este efeito, a peça processual de contestação faz as vezes de petição inicial.

[248] Claro que são pressupostos de admissibilidade da reconvenção certos tipos de conexão com a acção inicial, que estão taxativamente referidos na lei – v., em especial, o n.º 2 do artigo 274.º do CPC. Seja como for, na instância reconvencional, o réu inicial assume a posição de autor, e o autor inicial assume a posição de réu; além disso, a reconvenção tem um valor que lhe é próprio (artigo 501.º, n.º 2, CPC) e, na decisão que a julgue, deve ser objecto de decisão tributária autónoma; finalmente, essa autonomia revela-se na possibilidade de, em algumas situações, a instância reconvencional poder prosseguir, mesmo tendo ficado e mantendo-se suspensa a instância da acção, onde ela se enxertou (v. artigo 39.º, n.º 6, do CPC).

[249] Sublinha-se a possibilidade que o réu tem de poder acrescentar, às dez testemunhas que pode apresentar para a defesa na acção (artigo 11.º, n.º 1, DL 108/2006), outras dez para suportar a prova dos fundamentos da reconvenção (artigo 11.º cit., n.º 2).

1). 8. O RPE admite, excepcionalmente, um terceiro articulado, este do autor, a apresentar no prazo de 30 dias[250], e a que chama de *resposta*. Os casos em que é admissível limitam-se a dois: se a acção for de simples apreciação negativa e o réu a tiver contestado; nos outros casos, em que haja contestação e esta contenha reconvenção – artigo 8.º, n.º 3, do Decreto-Lei n.º 108/2006. Se, num destes casos, o autor preterir a resposta ou se, apresentando-a, nela não impugnar os factos novos – constitutivos do direito – alegados pelo réu na contestação, haverão tais factos de ser considerados provados, por acordo das partes, e na ocasião da selecção da matéria de facto (artigos 505.º e 490.º, do Código de Processo Civil).

Eliminada fica a possibilidade da resposta à matéria de excepção (dilatória ou peremptória) contida na contestação; como relegado fica[251] o contraditório à matéria de excepção à reconvenção que a resposta do autor contenha[252].

Como a petição e a contestação, a resposta está – por regra – sujeita à forma articulada (artigo 8.º, n.º 4, do Decreto-Lei n.º 108/06). E, naturalmente, quanto aos factos novos que contenha, ou àqueles que impugne da contestação, há-de também conter os respectivos requerimentos probatórios, que o autor para eles entenda propor (artigo 8.º, n.º 5, do cit. Decreto-Lei).

Suscita-se, porém, a questão de saber se, além desses, pode ainda o autor, na resposta, apresentar outros meios de prova referentes a factos previamente alegados na petição inicial, e não oportunamente requeridos

---

[250] O DL n.º 108/2006 não se afastou, aqui também, do prazo estabelecido no Código de Processo para a réplica da acção ordinária, havendo reconvenção ou sendo a acção de apreciação negativa (artigo 502.º, n.º 3, *in fine*). Trata-se, apenas, de garantir a *igualdade substancial das partes* – se o réu teve direito a 30 dias, naqueles dois casos, em que veio suscitar (novos) factos constitutivos, especialmente carentes de contraditório consistente, é justo que ao autor (de alguma forma transmutado em *demandado* em tais casos) seja concedido igual prazo para responder.

[251] V. artigos 10.º, n.º 2, alínea a), do DL 108/2006 e 3.º, n.º 4, do CPC.

[252] Como antes dissemos, situar esse contraditório no início da audiência preliminar parece-nos algo desconforme com o que, de novo, se pretendeu consagrar na fase do saneamento – é que, segundo parece resultar do artigo 10.º do DL 108/2006, o juiz profere despacho saneador, conhecendo das excepções dilatórias, nulidades e do mérito, se for caso, (n.º 1) num momento que é anterior à convocação e realização da audiência preliminar (n.º 2 alínea a)).

por ocasião desta; ou seja, o problema de saber se o autor pode utilizar *acessoriamente* a resposta para *complementar* o requerimento probatório apresentado por ocasião da petição inicial.

Além desta, ainda outra questão – pode o autor, na resposta, requerer a gravação da audiência ou a intervenção do colectivo, o que não fez antes em sede de petição inicial?

É que verdadeiramente o normativo do artigo 8.º, n.º 5, do Decreto--Lei n.º 108/2006 não distingue, e refere-se genericamente aos *articulados*[253] – parece (?) que a todos.

Em apoio a uma resposta afirmativa, de que essas faculdades existem nos dois questionados casos, pode argumentar-se – a mais da letra do preceito legal – com o contraditório, que a parte final do n.º 5 estabelece; isto é, de que pode o autor modificar sempre o seu requerimento probatório na resposta, pois que essa alteração é sujeita, em todo o caso, ao crivo do contraditório do réu que, a essa mudança, pode de igual modo reagir com uma alteração, ele também, do seu próprio requerimento probatório. E de igual modo quanto ao pedido de gravação ou de tribunal colectivo[254].

1). 9. O n.º 5 deste artigo 8.º estabelece a oportunidade para as partes poderem formular os seus *requerimentos probatórios*; isto é, o momento próprio para elas apresentarem o rol de testemunhas e proporem outras provas. Estabelece que esse momento é o dos articulados; e acrescenta que, além da proposta probatória, devem ainda ser indicados, de forma discriminada *os factos* sobre que recai a inquirição de cada testemunha e a restante produção de prova. É aí também que deve ser requerida a gravação ou a intervenção do colectivo.

Além de tudo, é ainda o momento de, querendo, como antes dissemos, as partes pedirem a notificação das testemunhas, que arrolem, para comparência ou a sua inquirição por teleconferência; se esta pretensão não for feita, as testemunhas são apresentadas pela parte que as indicou (artigo 11.º, n.º 5, do Decreto-Lei n.º 108/06).

Ressalta aqui a questão de saber, *quid juris* se a parte indica *a prova*, mas omite *o(s) facto(s)* – será caso de convite ao suprimento da omissão

---

[253] É o seguinte o texto da lei: "*Com os articulados, devem as partes requerer ... apresentar ... e requerer ...*".

[254] Este último, aliás, dependente do acordo de ambas as partes.

(?) ou será caso de imediato indeferimento (?). Inclinamo-nos para o convite ao suprimento, por nos parecer demasiado pesada a sanção do imediato indeferimento; além disso, temos a questão da defesa da *verdade material*, que deve ser prosseguida (v artigo 265.º, n.º 3, do Código de Processo Civil), e os fundamentos de rejeição probatória, que devem alicerçar-se apenas numa comprovada impertinência da prova (v. artigos 11.º, n.º 4, e 2.º, alínea b), do Decreto-Lei n.º 108/06 e 265.º n.º 1 *in fine* do Código de Processo Civil). O que fazer, porém, se o convite não for respondido? Inclinamo-nos – aqui sim – para o indeferimento, já porque a ser assim se permite indiciar, de algum modo, a *impertinência* do meio de prova para o qual, repetidamente, se omitiu o objecto.

1). 10. Aos articulados – a todos, segundo parece – vem o n.º 5 ainda, na sua derradeira parte, a consagrar um *novo requerimento autónomo*, apenas com função probatória. Trata-se de uma peça que faz parte dos trâmites normais da marcha do processo, desde logo porque nunca é dispensada e vai existir sempre, em todos os processos. Ela representa, do ponto de vista probatório, sempre, uma reacção, por requerimento, ao *último articulado admissível*, que será ou a *contestação* ou a *resposta* – no 1.º caso, poderá o autor apresentá-lo; no 2.º caso, há-de ser o réu que terá a faculdade de o fazer.

Refere-se-lhe a lei como a *alteração ao requerimento probatório anteriormente apresentado*. E a seu respeito logo se suscita a questão de saber se ele será admissível, se não houver *requerimento probatório anterior*[255] (?). Inclinamo-nos para uma resposta afirmativa; a inexistência de requerimento probatório anterior pode ser consciente e representar uma voluntária estratégia da parte que, com o sequente articulado oposto pela parte contrária, pode exigir uma mudança. Por outro lado, pode perguntar-se se, tendo este novo requerimento um alcance *simplesmente* probatório, não havendo pedido de qualquer prova no último articulado admissível apresentado, pode a parte ainda assim apresentá-lo, mudando

---

[255] Será o caso, por exemplo, de o autor na petição inicial não ter requerido qualquer prova – ainda assim, na sequência da contestação, pode aquele ainda apresentar *este* requerimento autónomo, requerendo, aqui e agora, prova, testemunhal ou outra?

A questão é aliás semelhante à que suscita, no Código de Processo, a alteração ao rol do artigo 512.º-A. Também aqui se discute se, não havendo rol anterior, pode ser feito uso da faculdade deste normativo.

a prova antes por si requerida (?). Também aqui nos parece que sim; o mero conteúdo daquele último articulado[256] pode justificar uma alteração do requerimento probatório inicial da outra parte.

De igual modo, quanto ao conteúdo deste novo requerimento, deve perguntar-se se a alteração ao *requerimento probatório* incide só sobre *provas* ou se exige também a *discriminação dos factos* respectivos a provar, no novo contexto de prova. Por razões de *igualdade substancial*, e à semelhança do que consta estatuído para os articulados, representando o novo requerimento aliás um complemento e uma resposta a estes, cremos que para ele vale também a exigência discriminatória dos factos, em correspondência às provas que os visam. Por outro lado, ainda, perguntar-se-á se, neste requerimento, também pode o seu apresentante pedir a gravação ou a intervenção do colectivo, o que não fez antes. Inclinamo-nos para a afirmativa; a expressão *requerimento probatório* tem habitualmente um sentido amplo que atinge também a pretensão do registo da audiência ou da intervenção do colectivo[257]; acresce que, também aqui, a anterior estratégia da parte, em não formular estas pretensões, pode resultar alterada pelo último articulado da parte contrária[258].

O prazo para a apresentação da *alteração* é o de 10 dias a contar da notificação do *último articulado admissível*.

1). 11. Admitirá o RPE outros articulados, além do estatuído no artigo 8.º do Decreto-Lei n.º 108/2206, em particular, serão admitidos *articulados supervenientes*?

Sem embargo da *gestão processual* do juiz – que, a coberto do artigo 2.º sempre os poderia admitir – cremos que a admissibilidade de articulados supervenientes é uma imposição de natureza das coisas. A superveniência de factos relevantes para a decisão da causa é uma

---

[256] Por exemplo, admitindo por acordo muitos dos factos inicialmente alegados pela parte contrária.

[257] Aliás, no contexto do Código de Processo, essa pretensão acompanha sempre a da propositura dos meios de prova (artigos 508.º-A, n.º 2, alíneas a) e c), e 512.º, n.º 1, do CPC).

[258] A admitir a possibilidade de *ex novo* o apresentante pedir aqui a intervenção do colectivo, abre-se caminho à necessidade de ouvir, outra vez, a parte contrária, certo que, a nosso ver, o RPE não eliminou a necessidade derivada do Código de Processo de um *acordo das partes* para ser possível aquela intervenção (artigo 646.º, n.º 1, do CPC).

realidade que tem que ter uma abordagem jurídica, sob pena de preterição de princípios fundamentais e da própria verdade material que, em cada caso, se busca. Julgamos, assim, estar perfeitamente vigente, no quadro do RPE, a disciplina dos articulados supervenientes, como resulta dos artigos 506.º e 507.º do Código de Processo Civil[259], com os seus vários pressupostos, requisitos e operacionalidade[260].

De igual modo, não vemos como afastar ainda *outros articulados* que eventualmente se venham a justificar, como sejam, por exemplo, aqueles relativos a *factos instrumentais*, que resultem da instrução e discussão, ou mesmo a *factos essenciais*, complementares ou concretizadores de outros antes alegados, tudo nos termos do artigo 264.º, n.os 2 e 3, do Código de Processo Civil[261].

1). 12. Admitirá o RPE o despacho, subsequente aos articulados, destinado a providenciar pelo suprimento de excepções dilatórias e a convidar as partes ao aperfeiçoamento dos articulados, nos termos do artigo 508.º do Código de Processo Civil?

Resposta negativa representaria um regredir no papel interveniente e activo do juiz, que tão caro foi à revisão do processo de 1995/1996 e que introduziu esta inovação; completamente, pois, em preterição do espírito do Decreto-Lei n.º 108/2006, que – a nosso ver – quis ainda mais acentuar aquele papel. Pensamos assim que essa possibilidade existe, deve fundar-se no papel directivo do juiz – como resulta do artigo 2.º – e pode funcionar, até, no caso de apresentação da acção pelas partes, por junção de petição conjunta, nos termos do artigo 9.º do Decreto-Lei n.º 108/06[262].

1). 13. Estando a prova proposta pelas partes contida nos articulados, ou no requerimento autónomo da parte final do n.º 5 do artigo 8.º, deve também perguntar-se em que momento é oportuno que o juiz sobre ela se pronuncie, e a admita ou rejeite.

---

[259] Porventura, com algumas adaptações e ajustamentos que o novo quadro processual justifique.

[260] V. *Mariana França Gouveia in ob. cit., página 87.*

[261] Estes factos podem ser alegados pelas partes, *em articulado*, até ao encerramento da discussão, como resulta do artigo 650.º, n.º 2, alínea f), do CPC.

[262] V. *Mariana França Gouveia in ob. cit., página 105.*

A necessidade de uma *pronúncia do juiz* sobre as pretensões probatórias não pode merecer dúvidas. Nas normas gerais do Código de Processo já se diz que o juiz ordena as diligências necessárias ao apuramento da verdade e rejeita o que for impertinente ou dilatório (artigo 265.º, n.º 1, *in fine*, e n.º 3); em matéria probatória, o artigo 517.º, n.º 1, do Código de Processo Civil sugere que as provas são, ou não, *admitidas*; e o artigo 508.º-A, n.º 2, alínea a), do Código de Processo Civil, no contexto da marcha processual modelar da forma ordinária, é expresso em cometer a uma *decisão* a admissão das diligências probatórias requeridas pelas partes. No Decreto-Lei n.º 108/2006, o teor literal do artigo 11.º, n.º 4, também não parece deixar margem a dúvidas.

Sem embargo de alguma outra resposta, que a *gestão processual* da causa concretamente aconselhe, julgamos que o juiz se deve debruçar sobre esta questão, autónoma e discriminadamente, em despacho, que proferirá logo que esteja assente a fase condensatória da causa, por ocasião do agendamento da audiência final, ou previamente ao agendamento dela.

Dir-se-ia que este despacho se situa *após* a alínea a), mas *antes* da alínea b), do artigo 10.º, n.º 2, do Decreto-Lei n.º 108/2006. É, de facto, esse o momento em que o juiz conhece – só aí – os factos controvertidos e carentes de prova; é, por isso, que só então é que está habilitado para, em consciência e com a maior eficácia, aferir criteriosamente da pertinência da prova, ou da falta dela – e decidir em conformidade.

Se é certo que juiz recebe agora os autos, encerrada a fase dos articulados[263], e portanto contendo já as propostas probatórias, é também verdade que a selecção da matéria de facto[264] só vem a ter lugar subsequentemente[265]. Significa que, à semelhança do que está no Código de Processo a respeito da economia da audiência preliminar, é de todo conveniente que se proceda à selecção dos factos, e só depois se decida sobre a admissão e preparação das diligências probatórias sobre cada um incidentes[266].

---

[263] V. artigo 10.º, n.º 1, *proémio*, do DL 108/2006.

[264] Isto é, a delimitação da matéria de facto relevante que se considera assente e a que constitui a base instrutória da causa, segundo as várias soluções plausíveis da questão de direito (artigos 508.º-A, n.º 1, alínea e), e 511.º, n.º 1, do CPC). É esta delimitação que permite encontrar depois a base de trabalho da fase instrutória (artigo 513.º do CPC).

[265] V. artigo 10.º, n.º 2, alínea a), do DL 108/2006.

[266] V. artigo 508.º-A, n.ºˢ 1, alínea e), e 2, alínea a), do CPC.

1). 14. Uma palavra, ainda, sobre a *revelia* do réu.

Se o réu não contestar, deve continuar a valer a norma do Código de Processo que manda ao juiz verificar se o acto da citação foi feito com as formalidades legais, mandando-a repetir quando encontre irregularidades[267].

Verificada a regularidade da citação pessoal, a cominação será – por regra[268] – a de se considerarem confessados os factos articulados pelo autor – é o que diz o artigo 484.º, n.º 1, do Código de Processo Civil[269].

Então, deve ser logo proferida sentença, nos termos aqui aplicáveis dos artigos 484.º, n.º 2, *in fine*, e 784.º, do Código de Processo Civil.

A sentença identifica as partes, discrimina os factos – o que pode fazer por remissão para as peças processuais onde estejam contidos –, contém fundamentação sumária do julgado e conclui pela parte decisória[270]. Porém, particulariza o artigo 15.º, n.º 4, do Decreto-Lei n.º 108/2006 *para o caso da falta de contestação*, que a fundamentação[271] pode consistir na simples adesão aos fundamentos apresentados pelo autor, quando destes resultem as razões de facto e de direito em que se funda a decisão[272].

Subsiste a questão[273] de saber se no RPE também deve ser facultado o exame, para alegações escritas das partes, como resulta do artigo 484.º, n.º 2, *proémio* do Código de Processo Civil para a forma ordinária do processo. À semelhança da resposta que sempre demos, na nossa prática judiciária, ao caso da acção sumária comum não contestada, opinamos que não[274]. *Maxime* no RPE onde os princípios de economia e de simplificação aparecem reforçados[275].

---

[267] É o artigo 483.º do CPC.

[268] E salvo as conhecidas excepções legais (artigo 485.º do CPC).

[269] Que, pensamos, continua a ser pertinente à nova forma do RPE.

[270] É o regime geral da sentença que resulta do artigo 15.º, n.ºs 1 e 2, do DL n.º 108/2006.

[271] Fundamentação *de facto* e *de direito* como resulta, a seguir, do próprio texto da norma.

[272] Num regime mais aproximado ao que, no Código de Processo, está definido para a forma sumária (artigo 784.º) do que ao estabelecido para a forma ordinária (artigo 484.º, n.º 3).

[273] Que aliás já existe para o regime da forma sumária no código de processo.

[274] Excepciona-se, naturalmente, o caso de ajustamento jurisdicional, em contrário, pelo juiz, nos termos dos seus poderes-deveres directivos e de gestão do processo.

[275] No Regime Anexo ao DL 269/98, se o réu citado pessoalmente não contesta, o juiz, em princípio, e com valor de decisão condenatória, limita-se a conferir força executiva à petição (artigo 2.º).

2) *Forma especial* – *a apresentação conjunta da acção (artigo 9.º)*

2). 1. Cremos que a disposição do artigo 9.º do Decreto-Lei n.º 108//2006 consagra um regime *especialíssimo* e meramente *facultativo*, em alternativa ao RPE comum cuja fase dos articulados surge contida no antecedente artigo 8.º. Cria-se assim, dentro do *paradigma de forma de processo*, uma marcha de processo particularizada pela qual, querendo, as partes sujeitas ao RPE, podem optar.

Este procedimento especialíssimo conhece duas fases – uma extrajudicial e outra judicial.

2). 2. A primeira – *extrajudicial* – inicia-se com a decisão do autor em interpor uma acção judicial contra o réu e em fazer uso do mecanismo especialíssimo deste artigo 9.º.

Esta *fase extrajudicial* tem boas potencialidades. Através dela permitem-se encetar contactos e negociações, até informais, entre as partes, prévios ao recurso a tribunal e, porventura, conseguir e atingir consensos na resolução – ao menos – de alguns litígios; tornando assim desnecessária a interposição das respectivas acções.

Ao invés de, como é comum acontecer, elaborar o seu articulado – a petição inicial –, o autor, antes, elabora uma peça escrita onde especifica o seu pedido e as disposições legais aplicáveis[276], bem como propõe ao réu a utilização do mecanismo especial disponível, isto é, a apresentação de petição conjunta por ambos (além ainda dos benefícios processuais do uso do mecanismo, do prazo para a resposta e das cominações em que o réu incorre no caso de recusa) – n.º 4, *in fine*, do artigo 9.º. Essa *peça escrita*, com o conteúdo indicado, obedece a modelo aprovado por Portaria do Ministro da Justiça, e que é a Portaria n.º 1096/2006, de 13 de Outubro.

Questão que imediatamente se suscita é a de saber *quem é* este *autor* que assim pode promover esta *fase extrajudicial* – isto é, elaborar a carta[277] e propor ao réu a apresentação conjunta da acção (?) Supondo que estamos diante de uma (virtual) acção para a qual a lei exige a cons-

---

[276] O que são as *disposições legais pertinentes* referidas no n.º 4 deste artigo 9.º? São aquelas inerentes ao próprio DL n.º 108/2006, relativas aos procedimentos a seguir e cominações aplicáveis (como parecem ser, do que decorre do teor da portaria publicada) (?), ou são aquelas inerentes ao pedido de direito material do autor que este pretende formular contra o réu (como, a nosso ver, deveriam ser) (?).

[277] É uma *elaboração* que se traduz no *preenchimento do modelo* contido na citada Portaria 1096/2006.

tituição obrigatória de advogado[278], impõe-se esse patrocínio também nesta fase extrajudicial[279]? A resposta – negativa – que já se adivinhava[280] é confirmada pelo teor da Portaria 1096/2006, de 13 Outubro, que, no modelo de carta, refere poder ser subscrito por mandatário – caso em que este será identificado – mas abre inequivocamente a possibilidade de o não ser e de, portanto, ser o próprio interessado – não patrocinado – a poder validamente elaborar e propor ao réu a apresentação conjunta da acção.

Questão seguinte, a de saber a quem é dirigida a proposta, nesta *fase extrajudicial* (?) A carta é dirigida *directamente* à pessoa – ou pessoas – contra quem a acção se dirige ou pode, desde logo, ser dirigida ao advogado que patrocina essa – ou essas – pessoa (s)[281]? Aqui a resposta terá de ser que a carta, para ser validamente enviada, terá de o ser ao próprio interessado. Não é só a circunstância – certa na maior parte dos casos – de que o autor desconhece quem seja o advogado – ou sequer, se existe algum ... – a quem o réu terá outorgado mandato judicial, como – mais importante – é o facto de esta *notificação* representar um acto com semelhanças à *citação*, precisamente enquanto visa chamar *extrajudicialmente* alguém, contra quem se quer interpor uma acção, para dialogar – de alguma maneira, se defender – e apresentar conjuntamente a acção em juízo[282].

---

[278] V. artigo 32.º, n.º 1, do Código de Processo Civil.

[279] Repare-se que o problema se coloca uma vez que do conteúdo da *proposta ao réu* fazem parte aspectos de natureza *fáctica* e *jurídica* (v. o artigo 9.º, n.º 4, *in fine*, e o modelo da Portaria citada) e, em particular, estes últimos não são dominados por quem não tenha formação jurídica. O que nos leva a ter fundadíssimas reservas quanto à utilização do mecanismo por quem não tenha esta formação.

[280] Estamos ainda numa fase pré ou extra judicial! Inequívoca nos parece a necessidade do patrocínio na *fase judicial* se se tratar de acção para a qual a lei exija a constituição obrigatória de advogado; neste caso, a petição conjunta, com que a causa inicia, terá de ser, necessariamente, subscrita pelos advogados das partes.

[281] Repare-se a semelhança desta *fase extrajudicial* com o *momento da citação* na acção judicial (!) Dá-se conhecimento a alguém de que irá ser proposta contra ele determinada acção e chama-se para – de alguma forma – se defender, embora num quadro extrajudicial e ainda consensual, de que será depois feita uma síntese na petição conjunta a entregar em juízo (!)

[282] Julgamos – aliás – que o modelo da Portaria 1096/2006 também não dá margem a dúvidas – ele refere-se expressamente ao *destinatário* ou *requerido* e que a "*notificação significa que uma pessoa ou entidade pretende apresentar uma acção em tribunal contra si*".

Com isto não afastamos, em absoluto, a possibilidade de o destinatário poder ser *um advogado*, constituído pelo (virtual) réu. Só que, então, à semelhança do regime da

Este procedimento – envio da notificação ao (virtual) réu – traz dificuldades. Ao passo que a tradicional citação, *provinda dos serviços judiciais*, sempre é entendida com bastante seriedade e cautelas, esta *notificação extrajudicial*, provinda de um particular ou – quando muito – de um advogado, pode suscitar fundadas dúvidas, porventura algum desinteresse, no seu destinatário, pouco conhecedor *das leis*. Veja-se o cidadão, pouco instruído, que está em litígio aberto com o seu vizinho, com quem está irremediavelmente incompatibilizado, e que dele recebe uma notificação deste tipo – que interpretação irá ele fazer da carta?...

Tomada a decisão, o (virtual) autor envia ao (virtual) réu a peça escrita (o modelo da portaria), pelo correio e sob registo, solicitando-lhe a resposta no prazo de 15 dias – n.º 3, *proémio*, e n.º 4, *proémio*, do artigo 9.º. E aguarda pelo decurso do prazo concedido.

Qual a forma *eficaz* da resposta? Vale uma resposta *informal* ou exige-se a resposta *escrita*? O Decreto-Lei n.º 108/2006 era omisso, o que parecia apontar para a informalidade; todavia a Portaria 1096/2006 veio, neste ponto, inovar e esclarecer com clareza que o destinatário deve declarar *por escrito* a aceitação da proposta do (virtual) autor, portanto exigir uma *declaração escrita*.

Quid juris, todavia, se a resposta for meramente informal e de boa--fé e der origem a contactos prévios e demorados para a apresentação conjunta da acção mas, no decurso das negociações, estas forem rompidas injustificadamente pelo (virtual) autor, optando este imediatamente pela interposição da acção, nos termos comuns do artigo 8.º, e alegando a notificação e a falta – real – da resposta *escrita* do réu, no prazo da lei (?).

Esta e outras problemáticas se podem aqui, e desde já, suscitar.

Assim, por exemplo, ainda, o concedido prazo de 15 dias é absolutamente peremptório ou pode ser estendido (?); e se sim, em que situações (?); que regras se aplicam à sua contagem (?); vale, aqui, o regime do artigo 145.º, n.ºˢ 5 e 6, do Código de Processo Civil (?).

E *quid juris* se, por exemplo, a carta não for enviada sob registo, embora seja seguro que foi recebida (?); ou ainda se a carta não for recebida por razão que se conhece imputável ao destinatário (?).

E *quid juris*, por exemplo, se houverem vários réus, e uns receberem e outros não a carta, ou uns aceitarem e outros rejeitarem a proposta do autor (?).

---

citação, entendemos que terá de ser mandatário constituído pelo notificando, com *poderes especiais* para receber a notificação (artigo 233.º, n.º 5, do CPC).

É pois esta uma fase extrajudicial, de iniciativa do (futuro) autor, em que este toma uma decisão e em que procede à *notificação* daquele contra quem antevê ir propor uma acção judicial[283].

Com a notificação recebida, o réu pode fazer uma de três coisas:

(1ª) Rejeita a proposta; neste caso frustra o uso do procedimento especial de apresentação da petição conjunta e sujeita-se – se houver processo judicial – às cominações estabelecidas no último extracto do artigo 9.º, n.º 3;

(2.ª) Nada faz, e deixa esgotar o prazo de 15 dias; aqui frustra também o uso da petição conjunta, com iguais consequências às da rejeição[284];

(3.ª) Aceita a proposta[285]; com a aceitação da proposta, desencadeada pelo autor, o réu abre caminho à apresentação da petição conjunta, com todas as vantagens inerentes[286].

---

[283] E a quem, só com pouco rigor, se pode desde já chamar *réu* – e o mesmo se diga aliás do que já é chamado (sem ainda o ser) *autor*. É que bem pode acontecer que, diante da notificação, as partes cheguem a uma composição amigável e extrajudicial do concreto litígio – nesse caso, jamais haverá acção e processo e portanto, também, *autor* e *réu*. Talvez por isto a Portaria 1096/2006 opta por chamar ao virtual autor, ora de *pessoa ou entidade que pretende apresentar uma acção em tribunal*, ora de *requerente*, e ao virtual réu, ora de *destinatário*, ora de *requerido*.

[284] Terá o autor um prazo para propor a acção em que funcionem estas cominações (?); até quando (?). Ou pode propor acção, de cuja notificação é dependência, sem limites e a todo o tempo (?).

[285] A Portaria publicada, n.º 1096/2006, veio, como referido, *inovar* o regime do DL n.º 108/2006 ao impor, no modelo que prevê, e ao invés do que este último diploma contém, que o destinatário tenha de responder por *declaração escrita*. O mesmo modelo refere, ainda, no seu conteúdo, que depois de enviada esta *declaração escrita, as partes devem realizar contactos para apresentar a acção em conjunto*. Fica, porém, a questão de saber *quando* ou *até quando* (há algum prazo?) devem ser encetados esses contactos (?). Por outro lado, quem os deve empreender (?) ou como se reconhece, depois, se não existirem, as responsabilidades de uma e outra das partes nessa inexistência (?).

Além disso, *quid juris* se o destinatário até responde por escrito, e afirmativamente, mas: (1.º) o requerente obstaculiza depois a qualquer contacto subsequente com aquele destinatário e acaba, sem mais e contra as expectativas deste, por propor contra ele a acção nos termos normais, do artigo 8.º (?) (há aqui alguma consequência ou sanção para o requerente?...); (2.º) o requerido não comparece às reuniões agendadas e inviabiliza, com atitudes, os contactos com o requerente (?) (ainda assim funcionam as cominações previstas para *a recusa* que, todavia, no caso e formalmente não existe?...).

[286] E que, no essencial, se traduzem em benefícios tributários (v. artigo 18.º, n.º 1, DL 108/06). V. ainda o n.º 5, do artigo 9.º, e o n.º 2, do artigo 18.º, DL 108/06.

V – O paradigma da forma de processo no regime processual experimental

Neste derradeiro caso – de uso do mecanismo especial – fica-nos porém a dúvida de saber se existe algum *prazo para a interposição da acção* com apresentação conjunta das partes, ou se essa acção pode existir a todo o tempo. O problema põe-se, em especial, numa situação em que, deixado transcorrer um período de tempo de razoável duração (porventura, por motivo imputável ao autor), desde a notificação, e sequente aceitação do réu, venha este depois a rejeitar o que antes aceitara, sob o argumento precisamente de um decurso de tempo incomportável, conducente a uma mudança de posição.

Um outro problema que nos parece que subsiste, sem resposta aparente na lei, é o de saber do modo como o autor deve, no processo, fazer a comprovação de que procedeu à notificação, dentro de todo o encobrimento legal; além disso, o momento em que o deve fazer e, até, a subsistência (até quando?) da eficácia de uma certa notificação.

Outra questão que pode pôr-se é a de saber se, na acção que instaura, o autor pode escolher e optar por não dar conhecimento nos autos da notificação que fez, assim inviabilizando o funcionamento das cominações aplicáveis ao réu. Finalmente – *quid juris* se, notificado, o réu aceita e, mesmo assim, o autor acaba por apresentar – ele só – a petição inicial, nos termos do artigo 8.º (?).

2). 3. Num segundo momento abre-se a fase *judicial* – n.os 1 e 2 do artigo 9.º.

Traduzida esta na apresentação, agora, por autor e réu, de um articulado conjunto – chamada de *petição conjunta* – que contém e sintetiza os articulados comuns das partes[287]: *petição inicial* do autor, *contestação* do réu e *resposta* do autor.

---

[287] É curioso verificar que se quer impor *legislativamente* à prática judiciária um mecanismo que esta rejeita há já muitos anos – pela razão simples e humana de que, quem está em litígio, muitíssimo raramente aceitará em colaborar com a parte contrária de modo a propor uma acção conjunta (!)

A primeira tentativa, reportamo-la ao *Decreto-Lei n.º 242/85, de 9 Julho*, que introduziu no Código de Processo um mecanismo de simplificação processual – o artigo 464.º-A – em que as partes podiam acordar no teor da petição e limitar a intervenção do tribunal à instrução e ao julgamento. Foi um normativo regulamentado depois pelos artigos 3.º e 4.º do *Decreto-Lei n.º 212/89 de 30 Junho*. E já então, para além de benefícios tributários, o procedimento era considerado urgente e concedia particulares vantagens às partes.

A sua utilização – ao que se conhece – não existiu.

E isso mesmo veio a ser reconhecido pelo preâmbulo do *Decreto-Lei n.º 211/91,*

Com a sua utilização, elimina-se da marcha processual toda a fase inicial dos articulados, ficando o processo reduzido ao *único* articulado comum.

Neste, autor e réu formulam as respectivas pretensões e expõem – como não poderia deixar nunca de ser – os seus fundamentos[288].

Como é bom de ver, o *articulado comum* não dispensa os demais requisitos essenciais do que deve ser um articulado inicial e, portanto, pese tudo, com bastantes semelhanças à *petição inicial comum*. Assim, e além de identificar claramente que se trata de um articulado comum produzido ao abrigo do RPE, parece-nos que as partes devem neste proceder às indicações que são elencadas no artigo 467.º do Código de Processo Civil, e que aqui também se justifiquem – por exemplo, designação do tribunal, identificação das partes, domicílio dos mandatários, valor da causa, etc.

A especificidade do procedimento está em que, do ponto de vista da *fundamentação de facto* (a exposição dos factos), o articulado deve conter imediatamente discriminados, de um lado, os factos provados[289], e do outro, os factos a provar[290]; já do ponto de vista da *fundamentação de direito* (a exposição das razões de direito) apenas se exige que constem as respectivas tomadas de posição[291]. Além disto, deve o articulado conter

---

de 14 Junho, que revogou aqueles normativos e insistiu em consagrar um chamado *regime do processo civil simplificado* onde as partes podiam iniciar a instância com a apresentação de petição conjunta.

Também aqui – pese as vantagens *maxime* tributárias (v. artigo 7.º do diploma, entretanto revogado pelo artigo 2.º DL 224-A/96 26 Novembro, e o actual artigo 14.º, n.º 1, alínea u), do Código das Custas Judiciais) – se reconhece que, em vigor há cerca de quinze anos, o regime nunca mereceu a adesão dos operadores, sendo-nos desconhecido qualquer caso prático em que tenha sido dele feito uso.

Estamos então, agora, com o Decreto-Lei n.º 108/2006, na terceira tentativa. Restando perguntar se será desta (?), e se será desta o convencimento – mas do *legislador* – que em litígios não são razoavelmente possíveis grandes (para não dizer *utópicos*) consensos.

[288] É o n.º 2, alíneas a), b) e c), do artigo 9.º, em análise.

[289] O que a lei chama de *factos admitidos por acordo*; mas melhor diria *factos provados*, já que a admissão por acordo não é a única fonte de prova plena nos articulados (v a confissão e a prova documental).

[290] O que a lei chama de *factos controvertidos*.

[291] Podem as partes omitir esta *tomada de posição sobre questões de direito* (alínea b)) e relegar para o tribunal a sua apreciação? A resposta parece dever ser afirmativa, diante do preceito geral do artigo 664.º do CPC segundo o qual o juiz não está sujeito às alegações das partes no tocante à indagação, interpretação e aplicação das regras de direito.

– à semelhança aliás do que está previsto no artigo 8.º, n.º 5, do diploma – o requerimento probatório, com discriminação dos factos, e o pedido de gravação ou de tribunal colectivo[292].

A *petição conjunta* é, neste caso, o acto que marca o início da instância, nos termos aplicáveis do artigo 267.º do Código de Processo Civil, produzindo o acto de propositura efeitos, em simultâneo, em relação ao autor e ao réu.

Diante da petição, o processo é imediatamente, sem mais, sujeito à fase subsequente do saneamento – artigos 9.º, n.º 1, e 10.º, n.º 1, do Decreto-Lei n.º 108/2006.

Se for apresentada petição conjunta em que as partes não requeiram a produção de prova testemunhal[293] o processo tem carácter urgente[294], precedendo os respectivos actos qualquer outro serviço judicial não urgente – artigo 9.º, n.º 5, *proémio*, do Decreto-Lei n.º 108/2006.

De igual maneira, se transmuta em urgente o processo em que se requeira prova testemunhal, mas se apresente acta de inquirição por acordo de todas as testemunhas – artigo 9.º n.º 5 *in fine* e 13.º do Decreto-Lei n.º 108/2006.

---

[292] Alíneas d) e e), do n.º 2 do artigo 9.º DL 108/06. Outra vez – aqui – nos causa perplexidade a previsão genérica para *todos os casos* em que a nova forma de processo – aqui especialíssima – se aplica da possibilidade de gravação e de colectivo. Veja-se, no Código de Processo, que mesmo incidentes da instância só admitem gravação se a decisão do incidente comportar recurso ordinário (artigo 304.º, n.º 3, do CPC). A resposta aqui é semelhante à que foi dada antes para o *RPE comum* – só se permite gravação se a causa permitir recurso ordinário e só se permite colectivo nas acções de valor superior à alçada da Relação.

[293] V. artigo 9.º, n.º 2, alínea d), do DL 108/2006. Percebemos mal a razão de ser desta disposição – quer-se desmotivar o uso da prova por testemunhas (que nos não parece – ao menos em regra – geradora de bloqueios processuais) quando, na causa, há outros procedimentos bem mais indutores de disfunções. Por outro lado, cabe perguntar – o que justifica a urgência numa acção em que não são arroladas testemunhas, mas se pede a produção de prova pericial?

Ainda uma outra questão – supondo que as partes arrolam testemunhas, mas estas são rejeitadas (por exemplo, por inviabilidade legal, ou até outro motivo – v. artigo 11.º, n.º 4, do DL 108/06), ainda assim a acção se transmuta em urgente, nos termos deste n.º 5, em análise?

[294] A urgência processual prende-se essencialmente com uma forma mais célere de andamento dos prazos (v. artigo 144.º, n.º 1, *in fine* do CPC).

2). 4. Questão que também se pode suscitar é a de averiguar do funcionamento deste mecanismo quando a acção – a propor – tenha por objecto *direitos indisponíveis*[295].

A este respeito, o artigo 9.º do Decreto-Lei n.º 108/2006 é omisso; embora o precedente artigo 1.º acoberte – como dissemos – a generalidade das acções declarativas cíveis, portanto, também as incidentes sobre interesses indisponíveis à luz do direito substantivo. A dúvida está então no (aparente) dilema que existe entre uma vontade das partes, que é ineficaz para produzir certo efeito jurídico-substantivo, e a mesma vontade, que pode porventura proceder à apresentação conjunta da acção em que se pretende obter aquele efeito.

A questão parece-nos, porém, facilmente resolúvel e o dilema é, de facto, só aparente. Certamente que as partes não podem celebrar *transacção* sobre direitos indisponíveis, quer dizer, não podem *conceder* sobre matérias dessa natureza, nem *consensualmente* regular o seu direito subjectivo[296].

Mas certamente que poderão apresentar acção para saneamento mediante a junção de petição conjunta – o que não prejudica (aí não pode prejudicar) toda a fase de instrução, discussão e julgamento da causa.

Quer dizer que, do ponto de vista processual, subsistem os impedimentos legais à eficácia da vontade, no campo do substantivamente indisponível – e assim, é neste domínio ineficaz a confissão de factos[297], como o é a sua admissão por acordo das partes[298]. O que relega a estes obrigatoriamente para um julgamento judiciário, sequente a uma fase de instrução e discussão.

Mas, tirando isto, nada obstaculiza a *petição conjunta*, prefigurada no artigo 9.º do Decreto-Lei n.º 108/2006 – embora aí com a especificidade de os factos a identificar[299] deverem ser todos[300] necessitados de prova[301].

---

[295] No âmbito do *processo civil simplificado* do DL 211/91, de 14 Junho, o seu artigo 1.º excepciona precisamente os casos em que a acção incida sobre direitos indisponíveis.

[296] V. artigos 1249.º do Código Civil e 299.º, n.º 1, do Código de Processo Civil.

[297] V. artigo 354.º, alínea b), do Código Civil.

[298] V. artigos 485.º, alínea c), e 490.º, n.º 2, do Código de Processo Civil.

[299] V. n.º 2, alínea a), do art. 9.º cit.

[300] Ou quase todos. Podemos aqui excepcionar aqueles que derivem de documento com força probatória plena.

[301] V. artigo 513.º do Código de Processo Civil.

E *quid juris* se, num caso desta índole, as partes, na petição conjunta, elencam um bom número de *factos admitidos por acordo*, a coberto do artigo 9.º, n.º 2, alínea a), do Decreto-Lei n.º 108/2006? Ficará prejudicada a *apresentação conjunta da acção* e as vantagens que lhe são inerentes? Naturalmente que, num caso desses, há-de ser o juiz a proceder à correcção necessária e remeter para a (obrigatória) fase de julgamento todos esses factos – salvo os provados plenamente por documento –, o que fará na fase seguinte de saneamento e condensação. Pensamos, por outro lado, que esse *erro das partes* não tem força bastante para obstaculizar à validade e eficácia do mecanismo do artigo 9.º. O que acontece – afinal – é que o juiz exerce aí o poder que lhe está cometido de dirigir e gerir o processo, recusando o impertinente e ordenando o necessário à justa composição do litígio.

Parece-nos, de todo o modo, que estes casos, tendo por objecto *direitos indisponíveis*, devem suscitar ao juiz do processo particular atenção e cuidado e exigir dele um qualificado uso dos seus poderes inquisitórios.

2. O saneamento e condensação (artigo 10.º)

2.1. O juiz recebe os autos e tem com eles, neste momento, em regra, o seu contacto mais consistente e substancial.

Evidentemente que não estamos a esquecer aqui o anterior contacto liminar que teve lugar no quadro do *RPE comum* e foi essencialmente justificado por razões eminentemente de *gestão formal* do processo, como a seu tempo dissemos. O que queremos dizer é que o contacto é agora – quando os autos já contêm os articulados das partes – bem mais profundo, justificado pelo *poder de direcção material* que exige o providenciar (activo) pelo andamento regular e célere do processo e, bem assim, pela obtenção da justa composição do litígio.

Esses autos, que recebe, podem configurar diversas modalidades: podem consistir na forma do *RPE comum*, do artigo 8.º, contendo os articulados próprios de cada uma das partes; ou podem consistir na forma do *RPE especial*, do artigo 9.º, contendo um articulado único e conjunto de todas as partes, sendo ainda que – neste último caso – o processo se pode configurar já como *urgente* ou como *não urgente*.

Em qualquer caso, com o recebimento do processo dá-se início à *fase do saneamento e da condensação*.

2.2. O juiz dirige o processo – diz o artigo 2.º do Decreto-Lei n.º 108/06 –; e é principalmente agora que esse trabalho é desencadeado.

Ao tomar conta dos autos, o juiz vai atender às especificidades da causa e, se se justificar, vai adoptar aqui, agora portador de um conhecimento mais consistente e substancial, uma tramitação processual a ela adequada[302]; como ainda, em cada caso, irá adaptar o conteúdo e a forma de cada acto processual, ao fim que ele visa atingir – é a alínea a) daquele artigo 2.º.

Como antes dissemos, dá-se uma ampla possibilidade ao juiz de ajustar os procedimentos às exigências de substância e às próprias características inerentes a cada causa. No paradigma que é dado pelas disposições normativas processuais que temos à disposição – as contidas no Decreto-Lei n.º 108/2006, de 8 de Junho, articuladas com a aplicação subsidiária das estabelecidas no Código de Processo para a acção comum ordinária – sempre se faculta àquele poder ajustá-las, adaptá-las, porventura afastá-las, em consonância com as exigências de cada situação em concreto. Aquelas disposições legais traçam a marcha processual nos seus contornos mais basilares e paradigmáticos, criando ao mesmo tempo a estrutura de procedimentos que revelam o sentido mais substancial da tramitação do processo; mas aceitando aqueles desvios, concretamente estabelecidos, sempre presididos pela finalidade que se quer atingir. A isto acresce que, a cada acto do processo, deve o juiz ainda tentar encontrar uma teleologia, a sua função ou a sua finalidade mais substantiva para depois, à luz dela – e para a conseguir mais eficazmente realizar –, poder ajustar – se for o caso – outra solução concreta, porventura algo desviante da norma, mas mais adequada ao fim que, pese embora tudo, ele vise atingir.

Reconhecemos particularmente estes considerandos neste momento fundamental da marcha do processo, que é o do seu sanear e o da sua condensação. O artigo 10.º do Decreto-Lei n.º 108/2006 traça um quadro, que é o pano de fundo modelar e paradigmático[303]; mas permite ao juiz formular os seus juízos de adequação aos objectivos que são desejados[304].

---

[302] Ressalvando aqui o *juízo liminar* formulado no RPE comum e, bem assim, o eventual *caso julgado formal* que, por essa altura, se tenha eventualmente formado.

[303] Inspirado, aliás, na disciplina mais exaustiva do Código de Processo.

[304] Esta ideia foi, de algum modo, propugnada no *Seminário*, CEJ – Outubro 2006, a que já nos referimos. Aí foi elevado a momento nobre para concretizar o novo *dever*

V – O paradigma da forma de processo no regime processual experimental

2.3. Estabelece o artigo 10.º, n.º 1, que, recebidos os autos, *o juiz profere despacho saneador* onde conhece imediatamente, em 1.º lugar, de todas as excepções dilatórias e nulidades processuais suscitadas pelas partes ou que deva apreciar oficiosamente (alínea a)), em 2.º lugar, do mérito da causa, se o estado do processo o permitir (alínea b)).

Ou seja, comete-se o *despacho saneador*[305], mas omite-se o *pré--saneador*[306] – significará que, o RPE desconhece este? A resposta, como já antes propugnámos, afigura-se-nos negativa. Sem embargo de reconhecermos a conveniência de uma maior co-responsabilização das partes, quer na regularização da instância, oportuna e atempada, quer na correcção dos articulados produzidos, na forma e na substância, não cremos ser de afastar, no RPE, a existência do despacho pré-saneador. Aqui, como noutros lugares, no (novo) paradigma que é o RPE, tudo depende dos contornos e das características da situação concreta em presença; e bem pode acontecer que aquele despacho concretamente se justifique, à luz dos princípios aplicáveis contidos no artigo 508.º do Código de Processo, entendendo nós que então ele deve ser proferido a coberto da disposição ampla do artigo 2.º, alínea a), do Decreto-Lei n.º 108/2006.

Retratando a alínea a) do artigo 10.º n.º 1 do Decreto-Lei 108/2006, em essência, o normativo da alínea a) do artigo 510.º n.º 1 do Código de Processo Civil, inclinamo-nos a entender que, como para este, também naquele, se não houver questões suscitadas pelas partes ou de conhecimento oficioso, o juiz deve pronunciar um despacho saneador, meramente tabelar, em que declare genericamente a inexistência de vícios e a regularidade da instância.

Sempre entendemos, no quadro do Código de Processo, que esse despacho tabelar representa *um marco* no processo, com a vantagem ainda de transmitir aos demais operadores o sinal de que ali o juiz,

---

de gestão processual, este, do saneamento; tendo-se caracterizado o artigo 10.º DL 108/ /2006 como *norma em aberto* (isto é, sem qualquer ditame geral de procedimento a seguir) que ao juiz caberá, particularmente na fase do saneamento, conformar como melhor entender (por exemplo, realizando ou dispensando, consoante as exigências do caso, a audiência preliminar; ou elaborando, ou dispensando também, o despacho saneador).

[305] Que é tradicional nas formas comuns do Código de Processo e consta referido, por exemplo, nos artigos 508.º-A, n.º 1, alínea d), ou 510.º, do CPC.

[306] É assim chamado o *despacho instrumental*, prévio ao saneador, destinado ao suprimento de excepções dilatórias e ao aperfeiçoamento dos articulados, previsto no artigo 508.º do CPC.

mesmo que brevemente, não deixou de fazer uma reflexão sumária sobre as questões de índole adjectiva capazes de viciar, por algum modo, a instância. A isto acresce termos por aplicável ao RPE a disciplina do artigo 510.º, n.º 3, *proémio*, do Código de Processo Civil segundo a qual o despacho saneador só constitui caso julgado formal quanto às *questões nele concretamente apreciadas* – o que só pode significar a admissão de casos em que aquele despacho, por tabelar, não aprecie concretamente as questões de índole processual.

A alínea b) do mesmo artigo 10.º, n.º 1, é, de seu lado, uma súmula da alínea b) do mesmo artigo 510.º, n.º 1. O juiz conhecerá imediatamente do mérito da causa, se o estado do processo o permitir; e este permite-o sempre que a matéria de facto relevante e já apurada nos autos[307], permita uma abordagem jurídica segundo as várias soluções plausíveis da questão de direito e, portanto, uma decisão final plenamente conscienciosa[308]. Aplicável, a esta situação, é ainda o artigo 510.º, n.º 3, *in fine*, do Código de Processo Civil, segundo o qual a decisão assim proferida tem o valor de sentença; embora no RPE essa sentença deva ter a forma mais simplificada que resulta do artigo 15.º, do Decreto-Lei n.º 108/2006.

Se, no despacho saneador, o juiz conhecer o mérito e essa decisão consistir em *decisão final* da causa, naturalmente que a instância se extingue pelo julgamento[309].

2.4. Mas se assim não for[310], o juiz ordena a prática das diligências ou dos actos *necessários* e *adequados* ao fim do processo em curso – é o estabelecido no n.º 2, *proémio*, do artigo 10.º do Decreto-Lei n.º 108/2006.

Significa isto que, na economia do RPE, a fase do saneamento é cindida da fase da condensação, representando aquela uma espécie de marco – bem sublinhado – a partir do qual a atenção dos operadores vai incidir sobre os procedimentos mais ajustados ao fim do processo – naturalmente, a selecção da matéria de facto controvertida (condensação) e a produção das provas (instrução e audiência final).

---

[307] Quer dizer – *provada* (seja por acordo das partes, confissão ou documento).
[308] V. *Acórdãos Relação Évora de 2 Outubro 1997 in BMJ 470-700* e de *22 Janeiro 2004 in CJ XXIX-1-242*.
[309] V. artigos 666.º, n.º 1, e 287.º, alínea a), do CPC.
[310] Isto é, se não houver conhecimento de mérito ou se, havendo-o, este não envolver a cessação da causa (como acontece, por exemplo, no caso de improcedência de uma excepção peremptória).

V – O paradigma da forma de processo no regime processual experimental   101

Questão prática é a de saber se, diante daquela cisão, nos casos em que a acção haja de continuar, deve ser proferido o despacho saneador, notificado às partes e, só depois, determinadas as diligências subsequentes; ou se, ao invés, estas devem acompanhar aquele, no mesmo despacho, se bem que – como aconselhará a melhor técnica – dele bem destacadas, de modo a construir um despacho com duas partes bem delimitadas entre si. Ao invés do regime do Código de Processo, onde é da notificação do saneador que se conta o prazo para a apresentação dos requerimentos probatórios das partes[311], no RPE não se vislumbra qualquer utilidade na notificação autónoma do saneador. Inclinamo-nos, por isso, para a segunda alternativa, a mais ajustada aos objectivos de celeridade e simplificação, além de aparentemente a mais conforme ao texto normativo.

As diligências ou actos necessários e adequados ao fim do processo que o juiz determina em despacho – concomitante com o saneador – podem ser (entre o mais) a convocação da audiência preliminar e a designação de dia para a audiência final – n.º 2, alíneas a) e b), deste artigo 10.º

À audiência preliminar[312], na economia do RPE, apontam-se unicamente dois fins – selecção da matéria de facto[313] ou exercício do contraditório[314]. Quererá dizer que são eliminadas as restantes finalidades que o Código de Processo reconhece ao acto, em particular nas várias alíneas do seu artigo 508.º-A, n.º 1? A resposta afigura-se-nos negativa; de um

---

[311] V. artigo 512.º, n.º 1, do CPC. Isto acontece porque, em regra, neste regime a base instrutória acompanha o despacho saneador; sendo aquela vista – e bem – como pressuposto necessário à elaboração dos requerimentos da prova.

[312] À audiência preliminar se refere, no Código de Processo, o artigo 508.º-A que, no *proémio* do seu n.º 1, determina que se há-de de realizar *num dos trinta subsequentes*, imposição omitida no DL 108/2006.

[313] No *Seminário*, CEJ – Outubro 2006 foi propugnada a ideia de que o *despacho de condensação* deixa, no RPE, de ser uma regra, podendo existir ou não, como podendo ser até formulado em moldes diferentes dos habituais. Assim, por exemplo, podendo existir só parcialmente (só base instrutória ou só factos assentes); como podendo o próprio conteúdo do *guião da prova* ser distinto conforme as situações, podendo o juiz optar por ser mais ou menos minucioso na sua elaboração (elaboração de quesitos / de meras questões gerais / de base instrutória).

[314] Sendo esta a ordem normativa, crê-se que ela é contrária à natureza e finalidades do acto. De facto – e como aliás resulta da sequência estabelecida no artigo 508.º-A, n.º 1, do CPC – há que primeiro exercer o contraditório das partes e só depois tem lugar a selecção da matéria de facto relevante pelo juiz (v. em especial a alínea e) daquele artigo 508.º-A n.º 1).

lado, sempre seria possível reconhecer, no caso concreto, pertinência e adequação a algumas dessas outras finalidades, previstas no Código de Processo, mas omitidas neste artigo 10.º[315]; por outro, e além do que refere o texto da lei – que diz no n.º 2, *proémio*, que o juiz ordena *designadamente* – sempre temos a faculdade do ajustamento da tramitação e dos actos e da adequação pontual inerentes ao dever de gestão do artigo 2.º, do Decreto-Lei n.º 108/2006.

Deve entender-se ainda, por outro lado, que o RPE não impõe que tenha sempre lugar, obrigatoriamente, a audiência preliminar – ela só existirá se for necessária e conveniente ao fim do processo[316]. O normativo do artigo 10.º, n.º 2, do Decreto-Lei n.º 108/06 permite que o juiz *designe dia para a audiência final* (alínea b)), sem convocação da audiência preliminar; e isto só pode querer significar a admissão de uma *selecção de matéria de facto*[317] fora daquela audiência[318].

---

[315] É o caso típico da *tentativa de conciliação* – prevista nos artigos 508.º-A, n.º 1, alínea a), e 509.º, do CPC – que as mais das vezes é útil e oportuna, na tentativa de se atingir uma desejável composição amigável dos interesses e uma resolução consensual do conflito.

Não afastamos também a hipótese de a audiência preliminar também poder ser utilizada para a prestação de depoimento de parte, nos termos do artigo 556.º, n.º 3, do CPC.

Já relativamente ao *conhecimento de mérito* e ao *proferimento do despacho saneador* – que as alíneas b) e d) do artigo 508.º-A, n.º 1, CPC enquadram no contexto da audiência preliminar da forma do processo comum – parece que só *raramente* tais actos devem ter lugar na audiência preliminar do RPE, quando este é expresso e inequívoco em pretender antecipá-los relativamente a este acto (artigo 10.º, n.º 1, DL 108/06). Ainda assim não descuramos a possibilidade de, ainda assim, aqui poderem ter lugar – tudo depende do ajustamento concreto inerente à gestão do processo (artigo 2.º DL 108/06).

[316] No *Seminário*, CEJ – Outubro 2006 adiantou-se, ainda, a ideia da possibilidade da feitura de uma audiência preliminar no decurso da própria audiência de julgamento, para fins de feitura de base instrutória até então inexistente nos autos.

[317] De facto, não conseguimos conceber, razoavelmente, um agendamento da audiência final sem uma prévia e consolidada selecção da matéria de facto. Aliás, sendo esta que vai delimitar o tema da prova, até por aí, esta é pressuposto daquele agendamento, que deve ser feito tendo em conta a *duração provável* das diligências probatórias (v. artigos 508.º-A, n.º 2, alínea b), *in fine*, e 628.º, n.º 1, do CPC).

[318] Ou seja, a feitura da selecção da matéria de facto, pelo juiz, na sequência do despacho saneador, estabelecido pela alínea a) do artigo 10.º, n.º 1, do DL 108/06. Neste caso, portanto, tratar-se-á de um despacho de três *capítulos*, bem definidos: (1.º) o saneamento; (2.º) a selecção da matéria de facto relevante; (3.º) o agendamento da audiência final.

A estes *capítulos* tem, ainda, de se acrescentar *um outro*, a situar estruturalmente entre aquele (2.º) e este (3.º) e traduzido na *decisão judicial de admissão (ou rejeição)*

Ao convocar a audiência preliminar, cremos que o juiz, no despacho que a marca, deverá indicar o seu objecto e finalidade[319]. Por outro lado, essa marcação[320] tem de ser efectuada mediante acordo prévio com os mandatários judiciais (artigo 10.º, n.º 3, *proémio*, do Decreto-Lei n.º 108//2006); e estes só podem opor-se à data proposta em virtude de outro serviço judicial já marcado, que devem indicar expressamente (artigo 10.º n.º 3, *in fine*, do Decreto-Lei n.º 108/2006).

2.5. O n.º 3 deste artigo 10.º – que aliás tem de ser articulado com o n.º 4 seguinte – estabelece, na sequência do normativo de *convocação da audiência preliminar* (alínea a), do n.º 2) e da *designação da audiência final* (alínea b), do n.º 2), o *modus* por que deve operar a *marcação do dia e hora* de todas diligências.

Essa marcação é sempre efectuada mediante *acordo prévio* com os mandatários. Mas o juiz mantém o papel determinante. Falando a lei em *data proposta* (n.º 3) e em *contactos prévios necessários* (n.º 4), significa que o juiz há-de iniciar por adiantar – propor – um dia e uma hora para a feitura do acto; em seguida, coloca esse agendamento (ainda provisório) à consideração dos mandatários – o que pode ser efectuado por qualquer meio[321], nisto se traduzindo os contactos prévios necessários (n.º 4). Diante da proposta feita, os mandatários estão *vinculados* a aceitá--la, *salvo se* tiverem outro serviço judicial já marcado; neste caso, devem responder[322] e indicar *expressamente* esse facto[323] e o concreto serviço

---

das diligências probatórias requeridas pelas partes ou, porventura, na determinação oficiosa de outras.

[319] À semelhança do que, no Código de Processo, estabelece o artigo 508.º-A, n.º 3.

[320] Para a qual o DL 108/2206 não estabelece, como referido supra, qualquer prazo, distintamente do código de processo (cit. artigo 508.º-A, n.º 1, *proémio*).

[321] Pensamos que o sentido deste normativo é o de permitir afastar a *notificação formal* aos mandatários. Trata-se portanto de acolher a validade que qualquer meio de contacto, para este efeito, sem necessidade de qualquer modo particular, valendo um qualquer, desde que permita satisfazer as finalidades do acto, de dar a conhecer a *proposta* do juiz.

[322] Questão é a de saber *por quanto tempo* aguardar essa resposta. Em nossa opinião, representando estes n.ºs 3 e 4, do artigo 10.º, DL 108/06 uma adaptação ao RPE da norma geral do Código de Processo do artigo 155.º CPC, cremos que aquele período de espera há-de ser, como neste, de cinco dias (v n.ºs 2 e 3, do cit. artigo 155.º).

[323] Os mandatários devem (apenas) *indicar*, não têm necessidade de *comprovar*; é o funcionamento aqui das regras de confiança, de boa-fé e de lealdade processuais.

obstaculizador da aceitação do proposto[324] (n.º 3). Aceite pelos mandatários o proposto pelo juiz – seja expressamente, seja de modo tácito pura e simplesmente não respondendo ao contacto prévio – fica encontrado o chamado *acordo prévio* ou – como diz o n.º 4 – *obtido o acordo*. Mas precisamente como este é ainda *prévio* (ou provisório, como dito acima) impõe-se um segundo despacho do juiz, este de agendamento agora consolidado ou definitivo, em consonância com aquele; sendo na sequência deste que a data da diligência é notificada a todos os que nela devam intervir[325] (n.º 4, *in fine*, do artigo 10.º, do Decreto-Lei n.º 108/06).

2.6. O *exercício do contraditório* a ter lugar em sede de audiência preliminar destina-se a salvaguardar o princípio fundamental de que nada pode ser decidido – salvo caso de manifesta desnecessidade – sem a possibilidade de pronúncia das partes – é o artigo 3.º, em particular o n.º 3, do Código de Processo Civil. Sendo regra que esse exercício tem lugar nos articulados[326], bem pode acontecer que no último destes ainda se suscite alguma questão carente de pronúncia da parte contrária; e se assim for, à audiência preliminar pode caber este papel[327].

2.7. A *selecção da matéria de facto* pode, ela própria, pressupor um exercício de contraditório – é aliás o que consta do artigo 508.º-A, n.º 1, alínea e), do Código de Processo Civil quando comete ao juiz essa selecção, mas só *após debate*.

Para a selecção da matéria de facto, no RPE, cremos que se mantêm vigentes todas as regras e princípios que, a este respeito, estabelece o Código de Processo para as formas de processo comum. Assim, essa selecção pretende o apuramento apenas dos *factos relevantes* para a decisão da causa distinguindo-os, depois, em *matéria assente* e em *base instrutória da causa*[328]. Dizem-se relevantes todos os factos com impor-

---

[324] Cremos que, neste caso, competirá ao juiz adiantar nova proposta de agendamento, compatível com outras datas disponíveis; colocá-la, da mesma forma, à consideração dos mandatários; e aguardar pela reacção deles.

[325] E que são, não só, os mandatários mas também, por exemplo, as próprias partes, as testemunhas ou até peritos que devam prestar esclarecimentos em audiência.

[326] V. artigo 151.º, n.º 1, do CPC.

[327] V. artigo 3.º, n.º 4, do CPC; segundo o qual às excepções deduzidas no último articulado admissível pode a parte contrária responder na audiência preliminar.

[328] V. artigo 508.º-A, n.º 1, alínea e), do CPC.

tância para o apuramento da previsão normativa emergente do direito material, mas segundo todas as várias soluções plausíveis da questão de direito. Se esses factos, assim reconhecidos, estiverem já provados no processo, seja por admissão por acordo, confissão de alguma das partes ou documento com força probatória plena, eles irão integrar a matéria de facto assente; se os factos tiverem sido impugnados pela parte contra quem foram apresentados, sendo portanto controvertidos, eles irão fazer parte da base instrutória da causa[329].

A selecção de facto é feita pelo juiz[330]; mas as partes podem, uma vez feita, contra ela reagir, o que farão mediante *reclamação* com fundamento em deficiência, excesso ou obscuridade – como se dispõe nos artigos 508.º-A, n.º 1, alínea e), *in fine*, e 511.º, n.º 2, do Código de Processo Civil. Ou seja, reconhecemos aqui um outro procedimento que pode ter lugar no quadro da audiência preliminar do RPE e na directa dependência da selecção da matéria de facto estabelecida na alínea a) do artigo 10.º, n.º 2, do Decreto-Lei n.º 108/2006[331].

Uma nota de especificidade merece aqui a hipótese de uso de *petição conjunta*, nos termos do artigo 9.º do Decreto-Lei n.º 108/06. É que sendo um dos requisitos dela, a identificação dos factos admitidos por acordo – ou provados por confissão ou documento com força plena – e dos factos controvertidos (alínea a), do n.º 2), nem aqui se dispensa a tarefa do juiz de proceder à selecção dos factos. Ao juiz, nesse contexto, compete verificar *a proposta de selecção* apresentada pelas partes e, se necessária, rectificá-la ou corrigi-la (por exemplo, dela eliminando matéria conclusiva ou conceitual, que não constitui matéria de facto; ou eliminando da base instrutória factos que não interessem à decisão da causa, assim permitindo restringir a matéria controvertida a ser objecto, nas fases subsequentes, da prova); embora, claro está, às partes sempre compita, se o entenderem, poderem reclamar sobre esse acto do juiz.

---

[329] V. artigo 511.º n.º 1 do CPC. É aliás na base instrutória que se vão descortinar o essencial dos factos que irão ser *objecto de prova*; portanto a base de trabalho das fases subsequentes da marcha do processo, de instrução e de julgamento (artigo 513.º do CPC).

[330] Embora, como dissemos, sempre precedida de debate e contraditório das partes.

[331] Para o caso em que não seja convocada a audiência preliminar, mas seja feita a selecção da matéria de facto (fora dela), pensamos que se aplicam as disposições do Código de Processo, a respeito da acção ordinária (artigos 508.º-B n.º 2 *in fine*, 511.º n.º 2 e 512.º n.º 2 CPC) – isto é, as partes podem reclamar, com subordinação a contraditório, em prazo que se inicia a partir da notificação dessa selecção.

2.8. Aspecto fundamental na marcha do processo é o da *pronúncia judiciária sobre os requerimentos probatórios propostos pelas partes*, a que o Decreto-Lei n.º 108/2006 apenas se refere – e a respeito unicamente da prova testemunhal – no artigo 11.º, n.º 4. O RPE não dispensa, em nossa opinião, essa pronúncia, que é imposta no Código de Processo, em várias disposições[332], e cuja disciplina se afigura perfeitamente válida para o (novo) modelo de forma de processo.

As partes, que puderam nos articulados e no requerimento autónomo do artigo 8.º, n.º 5, *in fine*, do Decreto-Lei n.º 108/06 apresentar o rol de testemunhas e requerer outras provas[333], ficam sujeitas à decisão do juiz que irá, agora, e em despacho, formular o juízo de pertinência daquelas pretensões em relação aos factos a provar.

Assim, e no que respeita à prova documental, admitirá os documentos apresentados, a não ser que os considere impertinentes ou desnecessários[334]. Fiscalizará a legalidade de algum depoimento de parte que haja sido pedido[335]. Ordenará a perícia pedida, se entender que a diligência não é impertinente, nem dilatória[336]. Ordenará inspecção judicial, se a julgar conveniente[337]. E quanto à prova testemunhal, só recusará a inquirição quando considere assentes ou irrelevantes para a decisão da causa os factos sobre os quais recai o depoimento[338].

---

[332] V., por exemplo, artigos 265.º, n.º 1, in fine, e n.º 3, 517.º, n.º 1, ou 543.º, n.º 1, do CPC.
[333] V. artigos 8.º, n.º 5, e 9.º, n.º 2, alínea d), DL 108/06.
[334] Artigo 543.º, n.º 1, CPC.
[335] Artigos 352.º CC, 552.º, n.º 2, e 554.º CPC.
[336] Art. 578.º, n.º 1, CPC.
[337] Art. 612.º, n.º 1, CPC.
[338] Artigo 11.º, n.º 5, DL 108/06. As partes indicaram, nos articulados, os factos sobre os quais recai a inquirição de cada testemunha (artigo 8.º, n.º 5, e 9.º, n.º 2, alínea d), cit. DL). Se pela selecção esses factos não tiverem sido escolhidos ou se tiverem passado a integrar a matéria de facto assente, será inequívoco que o depoimento da testemunha a eles indicada deixa de se justificar. Questão é saber se será razoável rejeitar *tout court* a inquirição da testemunha, assim indicada, em particular se, depois da selecção feita, o mandatário judicial vier pedir que, mesmo assim, seja ouvida a outros factos que, integrando a base instrutória, ela presumivelmente conheça. Parece-nos que releva aqui a *prefiguração* do que irá ser, em audiência, o princípio probatório da aquisição processual (artigo 515.º CPC) – se ali a testemunha, ao depor, se não deve considerar absolutamente cerceada pelo estrita medida dos factos a que é indicada (podendo, pelo menos, depor sobre toda a realidade instrumental e circunstancial, donde pode partir para mostrar que – afinal – até conhecia relevantemente outros factos) também parece algo inoportuno proceder sem mais – por razões simplesmente formais – àquela rejeição.

Além de tudo isto, o mesmo despacho deverá pronunciar-se ainda sobre a gravação da audiência final e sobre a intervenção do tribunal colectivo[339].

Nota ainda merece a determinação sobre qual o *momento mais oportuno para a prolação deste despacho*. Parece-nos que, em regra, este deve colocar-se após a selecção da matéria de facto, mas antes da designação do dia para a audiência final[340]; podendo até acontecer que a pronúncia sobre a prova faça parte do mesmo despacho, em parceria com estas determinações expressamente indicadas na lei[341]. O que nos parece fundamental é que – pelo menos – suponha a prévia delimitação da base instrutória, dado que só assim é possível o juízo consciencioso (das partes e do tribunal) da pertinência ou impertinência dos concretos meios probatórios propostos, e por outro lado seja pressuposto do agendamento da audiência final, certo que o critério principal deste agendamento deverá ser o da duração provável das diligências de prova a realizar antes do julgamento, e até durante o seu decurso[342].

3. A fase da instrução (artigos 11.º, 12.º e 13.º)

3.1. A *instrução* do processo compreende, em geral, o período da acção que se destina à assunção dos meios de prova relativos aos factos controvertidos ou carentes de prova[343]. Ela concentra, no essencial, as diligências destinadas à produção da prova sobre estes factos[344].

No que ao (novo) RPE diz respeito, também o período instrutório surge algo simplificado e até flexibilizado. É curioso, por outro lado, verificar que o essencial das normas do Decreto-Lei n.º 108/2006, de 8

---

[339] Pretensões, porventura, formuladas pelas partes, conjuntamente com as dos requerimentos probatórios (artigos 8.º, n.º 5, proémio, e 9.º, n.º 2, alínea e), DL 108/06).

[340] Entre as alíneas a) e b) do artigo 10.º, n.º 1, DL 108/06, como aliás supra já pudemos escrever.

[341] V. o que já dissemos supra a este respeito.

[342] O que resulta, com clareza, por exemplo, dos artigos 508.º-A, n.º 2, alínea b), *in fine*, 512.º, n.º 2, 628.º, n.º 1, ou 647.º, do CPC, normas que mantêm plena validade no RPE.

[343] É esta, no essencial, a noção dada por Antunes Varela in *"Manual de Processo Civil"*, 2ª edição, Coimbra Editora, página 429.

[344] Que são o *objecto da prova*, no dizer do artigo 513.º do Código de Processo Civil.

Junho, a este propósito, incidem apenas sobre um meio de prova particular – a prova por testemunhas.

Reconhecidos os factos que são o *objecto de prova* – obtidos essencialmente da base instrutória da causa – e facultados os *mecanismos destinados a demonstrar a sua realidade*[345] – a partir no essencial da proposição das partes feita nos articulados – resta, agora, preparar a realização efectiva deste período, a ter lugar no momento seguinte da acção.

O juiz determinará, agora, as diligências probatórias a realizar antes do julgamento[346]; e designará, logo que possível, a data para a realização da audiência final. Esta designação será feita à luz do disposto no artigo 10.º, n.ºˢ 3 e 4, do Decreto-Lei n.º 108/2006, de 8 Junho; e nela ter-se-á em conta – além do mais – a duração que, previsivelmente, terá cada um dos actos que nessa audiência devam ter lugar[347].

3.2. No Decreto-Lei n.º 108/2006, de 8 Junho, regem esta matéria, no essencial, os artigos 11.º a 13.º que – como dissemos – incidem particularmente sobre a *prova testemunhal*, sua proposição, limitações à inquirição (artigo 11.º) e modo de prestação do respectivo depoimento (artigos 12.º e 13.º).

Não obstante o regime particular, estabelecido no (novo) RPE, julgamos que continua a valer o grande princípio de o lugar e momento próprios da inquirição das testemunhas ser o da audiência de julgamento, revestindo os mais casos situações de excepção – as testemunhas depõem como regra na audiência final, presencialmente ou através de teleconferência (artigo 621.º, *proémio*, do Código de Processo Civil).

A prova por testemunhas – prova constituenda típica[348] – constitui a mais habitual, no dia-a-dia do judiciário; e é por isso apelidada também, de *prova rainha*; sendo aquela que, porventura, é de todas a mais falível e, nesse sentido, aquela que mais dificuldades levanta na apreciação pelo julgador[349].

---

[345] V. artigo 341.º do Código Civil.
[346] V artigos 508.º-A, n.º 2, alínea b), *in fine*, e 512.º, n.º 2, *in fine*, do CPC.
[347] O artigo 628.º, n.º 1, CPC manda, a este propósito, que o juiz designe, para cada dia de inquirição, apenas o número de testemunhas que *provavelmente* possam ser inquiridas.
[348] V artigo 517.º, n.º 2, *proémio*, CPC.
[349] A força probatória dos depoimentos das testemunhas é apreciada livremente pelo tribunal, nos termos conjugados dos artigos 396.º do CC e 655.º, n.º 1, do CPC.

Começa o artigo 11.º por estabelecer a seguinte regra limitativa: o autor só pode oferecer *até 10 testemunhas* para prova dos fundamentos da acção, e o réu só pode oferecer *até 10 testemunhas* para prova dos fundamentos da defesa (n.º 1).

O texto legal repete o que já consta do Código de Processo, no artigo 632.º, n.º 1, para a forma de processo ordinária, com a diferença de neste se estabelecer o limite em 20 testemunhas. Já para as formas sumária e sumaríssima o número possível de testemunhas é também de 10 (artigo 789.º do Código de Processo Civil). O normativo sempre foi interpretado no sentido de estabelecer o *número máximo admissível* de testemunhas permitidas a cada uma das partes ainda que, por exemplo, no caso do autor, este tivesse de provar factos de defesa contra uma excepção peremptória alegada pelo réu na contestação. Por outro lado, e como é referido, o limite atinge os autores que apresentem a mesma petição e os réus que apresentem a mesma contestação; se, como muitas vezes acontece, os réus demandados em litisconsórcio contestam separadamente pode, cada um, apresentar o número total e legal de testemunhas[350].

Porém, se houver reconvenção, para prova dela e da defesa, podem o réu e o autor apresentar, cada um, até mais 10 testemunhas (n.º 2)[351]. Significa, portanto, que no jogo dos articulados das partes e do requerimento autónomo da parte final do artigo 8.º, n.º 5, do Decreto-Lei n.º 108/06, não pode o número de testemunhas de cada parte exceder aquele limite; e, se o exceder, consideram-se não escritos os nomes das testemunhas que no rol o ultrapassem[352]. Naturalmente que esta limitação não vale para as testemunhas que o tribunal entenda ouvir, por sua iniciativa oficiosa, ao abrigo dos artigos 265.º, n.º 3, e 645.º, n.º 1, ou, por exemplo, do artigo 653.º n.º 1, todos do Código de Processo Civil.

Estabelece, depois, o n.º 3 deste artigo 11.º que sobre cada facto que se propõe provar não pode a parte produzir mais de três testemunhas,

---

[350] No Regime Anexo ao DL 269/98 pode cada parte apresentar até três testemunhas se o valor da acção não exceder a alçada da 1ª instância, ou até cinco testemunhas, nos restantes casos (artigo 3.º n.º 4 na redacção do DL 107/2005).

[351] V. artigo 632.º, n.º 2, do CPC, para a forma comum ordinária, com o limite de 20 testemunhas.

[352] V. artigo 632.º, n.º 3, do CPC. Ressalvamos – aqui, outra vez – a hipótese de ajustamento do juiz a coberto do artigo 2.º, alínea a), DL 108/2006; isto é, pode dar-se o caso em que, oficiosamente ou a requerimento de alguma ou de ambas as partes, o juiz decida, tendo em conta as especificidades da causa, aumentar aquele limite do número de testemunhas, por exemplo, para quinze ou vinte testemunhas, para cada parte.

excluindo as que tenham declarado nada saber. É, aqui também, uma limitação já conhecida do Código de Processo[353]. A ideia tradicional de que, a cada quesito da base instrutória há-de corresponder um único facto, associada à dificuldade da gestão destas legais limitações, veio levando, na prática judiciária habitual dos tribunais, a identificar o que, no normativo, se chama *"facto"* ao que constitui o *"quesito"* da base instrutória. Assim se interpretando o Código no sentido de que, na acção ordinária, sobre cada *quesito* só podem depor até 5 testemunhas, e na acção sumária sobre cada quesito só podem depor até 3 testemunhas. Por outro lado, vem-se entendendo que a violação do limite constitui, aqui, uma nulidade processual secundária, nos termos do artigo 201.º, n.º 1, do Código de Processo Civil[354].

Na contagem, diz o n.º 3 *in fine*, não se consideram as testemunhas que declarem *nada saber* – normativo que mostra que a indicação de quatro ou cinco testemunhas ao mesmo facto, feita pela parte no seu requerimento probatório contido no articulado, não é fundamento para qualquer indeferimento[355], certo que a testemunha sempre poderá dizer, quanto a algum ou alguns desses factos, de que *nada sabe*. É uma questão que só poderá ser conferida no decurso das inquirições; só aí há depoimentos, mais ou menos consistentes ou, de outro lado, afirmações de completo desconhecimento. Há-de, portanto, manter-se o procedimento – enraizado na prática judiciária – de, para cada testemunha, e no início do respectivo depoimento, ser indicada a matéria de facto sobre que irá depor, procedendo-se depois ao interrogatório e registando-se em acta, se for o caso, a nota de que a testemunha concreta, relativamente a um certo facto, declarou nada saber.

Diz o artigo 638.º, n.º 1, do Código de Processo Civil que a testemunha é interrogada sobre os factos que tenham sido articulados ou

---

[353] V. artigos 633.º e 789.º CPC; o primeiro, para a acção ordinária, com o limite de 5 testemunhas, o 2.º, para as acções sumária e sumaríssima, com o limite de 3 testemunhas. No Regime Anexo ao DL 269/98 o limite está fixado em três testemunhas por cada facto (artigo 3.º, n.º 5, DL 269/98).

[354] Portanto, que não é de conhecimento oficioso. Diante da preterição normativa, impunha-se a reclamação do interessado, no momento da prática do acto (artigos 202.º *in fine*, 205.º, n.º 1, *proémio*, e n.º 3, e 206.º, n.º 3, CPC), sob pena de o vício ficar sanado.

[355] O próprio artigo 11.º, n.º 4, não considera essa razão como motivo de indeferimento.

impugnados pela parte que a ofereceu. O que acontece, na prática, é que o juiz interpela o mandatário, que arrolou a testemunha, para ele indicar o objecto do depoimento, por referência aos quesitos da base instrutória; de tudo se fazendo menção na acta. Julgamos que o novo regime do RPE, que logo no arrolamento da prova exige a discriminação dos factos, não deve prejudicar esta prática, por só ela permitir – em especial quanto às testemunhas – fazer a conferência exigida pelas limitações legais. E esta constatação nos leva a concluir que aquela discriminação prévia tem, então, de ser vista como meramente provisória e tendencial, e não como definitiva ou preclusiva.

A regra de que a audição das testemunhas tem lugar *na audiência final*[356] resulta clara do disposto no n.º 5 do artigo 11.º, do Decreto-Lei n.º 108/06.

Aí se estabelece que *as testemunhas são apresentadas* pelas partes presencialmente, em audiência; e que só assim não será se, com a apresentação do rol, a parte requerer a sua notificação para comparência ou a inquirição por teleconferência.

O que se encontra assim estabelecido para o RPE é inovador relativamente ao regime do Código de Processo. Salvo no caso da forma sumaríssima, onde a regra é a da apresentação das testemunhas pelas partes sem necessidade de notificação (artigo 796.º, n.º 4, Código de Processo Civil), nas mais formas comuns todas as testemunhas são notificadas, salvo se a parte que as arrola declara que as apresenta (artigos 623.º, n.º 1, e 628.º, n.º 2, Código de Processo Civil). Já no Regime Anexo ao Decreto-Lei n.º 269/98, as testemunhas são sempre a apresentar na audiência (artigo 3.º, n.º 4).

Serão inquiridas por teleconferência, em regra, as testemunhas residentes fora das áreas metropolitanas de Lisboa – processos pendentes em Almada e no Seixal – e do Porto – processos pendentes nesta urbe – (artigo 623.º, n.º 5, Código de Processo Civil). *Quid juris*, porém, se num processo pendente no Porto, a parte pede a *notificação para comparência* de uma testemunha residente em Coimbra, ao invés de pedir a sua *inquirição por teleconferência*? Será caso de indeferimento,

---

[356] Em consonância com o já referido artigo 621.º, *proémio*, do CPC. Que assim é resulta também do artigo 14.º, n.º 2, do DL 108/06 que prescreve, na falta de mandatário, a *inquirição das testemunhas*, em audiência final, pelo juiz.

ou será de ter essa testemunha como *a apresentar* pela parte em audiência? Não nos parece; antes aí vislumbramos um erro de natureza meramente formal, sem relevo, e de fácil correcção pelo juiz – este deverá admitir a testemunha, a depor por teleconferência a partir do tribunal da respectiva residência.

Se a parte que indicou a testemunha requerer a sua notificação, e esta faltar à audiência e não justificar essa ausência no prazo de 5 dias[357], cremos que a consequência há-de ser a da sua condenação em multa[358].

Neste derradeiro caso, a questão prática mais comum é a de saber, no próprio acto da audiência, momento em que se não sabe – e nem é possível saber[359] – se a falta se deve ou não a motivo justificado, qual o procedimento concreto a seguir. E este, em nossa opinião, há-de ser o seguinte; é desde logo ouvido o mandatário que indicou essa testemunha, que pode declarar que dela não prescinde; se o fizer, creio que deve ser enviada, desde logo, uma segunda notificação à testemunha para comparecer, em data que é designada, para ser ouvida[360]; entretanto, a audiência

---

[357] V. artigo 651.º, n.º 6, do CPC. A cominação também não funciona quando não haja adiamento do julgamento por causa da falta dada, desde que a parte se comprometa a apresentar a testemunha no dia designado para a realização ou continuação da audiência (artigo 629.º, n.º 5, do CPC). Finalmente, também não há qualquer cominação pela falta se a testemunha for prescindida pela parte que a indicou (artigos 619.º, n.º 2, e 651.º, n.º 6, *in fine*, do CPC).

[358] É o artigo 629.º, n.º 4, do CPC que assim estabelece (v ainda artigo 519.º, n.º 2, *proémio*, CPC). A multa referida é a do artigo 102.º, alínea b), do Código das Custas Judiciais; estatuindo aquele normativo que a condenação *é logo fixada em acta*. Na prá-tica, esta condenação, em acta, é compatibilizada com os 5 dias que o artigo 651.º, n.º 6, CPC concede para justificar a falta, mediante uma *decisão de condenação meramente condicional* do tipo:

"*Vai a testemunha faltosa ... (nome) condenada na multa de ** UC, a não ser que, no prazo de cinco dias, justifique a falta*"

Além disto, o mesmo n.º 4 do artigo 629.º ainda dispõe que o juiz ordene que a testemunha que, sem justificação, falta *compareça sob custódia*. Trata-se de um mecanismo – a comparência sob custódia de testemunhas – que é verdadeiramente contraproducente do ponto de vista meramente probatório; e, talvez por isso, tem caído em desuso, muito raramente sendo utilizada nos tribunais cíveis.

[359] Por força do prazo de 5 dias concedido no artigo 651.º, n.º 6, CPC cit.

[360] A lei não prevê – ao menos directamente – esta segunda notificação, apenas referindo que se a testemunha faltar sem motivo justificado pode ser ordenada a sua comparência sob custódia (artigo 629.º, n.º 3, alínea c), e n.º 4, CPC). Não vemos, porém, como a dispensar num momento em que nem sabemos quais os motivos da falta (o artigo

inicia-se com a produção das restantes provas[361]; e é interrompida antes de iniciados os debates dos advogados, para continuar no dia agendado[362]. Se, no prazo de 5 dias, a falta vier a ser justificada a multa aplicada perde eficácia, aguardando-se apenas a nova data; se o não vier a ser a multa subsiste e ainda pode o juiz ordenar a sua comparência sob custódia[363] nesta mesma data.

À inquirição por teleconferência refere-se basicamente o artigo 623.º do Código de Processo Civil. Embora o n.º 5 do artigo 11.º do Decreto-Lei n.º 108/06 o não diga, pensamos que só assim poderão ser ouvidas as testemunhas residentes fora do círculo judicial[364] ou no caso das áreas metropolitanas de Lisboa e Porto residentes fora da respectiva circunscrição[365]; se residentes nas áreas do círculo ou destas circunscrições terão de ser ouvidas presencialmente no próprio tribunal da causa. Para a inquirição por teleconferência o tribunal da causa ouve, primeiro, o tribunal onde a testemunha há-de prestar depoimento, designa depois a data da audiência e procede, finalmente, à notificação da testemunha para comparecer no tribunal de origem da teleconferência. É o que se dispõe no n.º 2 do cit. artigo 623.º do Código de Processo Civil. Embora razões

---

628.º, n.º 2, CPC diz, aliás, que só não são notificadas as testemunhas que as partes devam apresentar); certo que se a falta se vier a revelar justificada essa notificação assume pleno relevo (v. artigo 629.º, n.º 3, alínea b), *in fine*, CPC); mas se a falta se revelar injustificada, ainda assim, é importante a comunicação, que serve ao menos para a testemunha tomar conhecimento do dia e hora que foram agendados e da sua interpelação a uma vez mais aí estar presente, voluntariamente, para ser ouvida.

[361] É o que resulta dos artigos 651.º, n.º 4, e 629.º, n.º 2, do CPC. Questão é saber se, também no RPE, faltando a testemunha, vale o regime da parte final deste artigo 629.º, n.º 4, isto é, se pode qualquer das partes, na audiência que se inicia, pedir a gravação das inquirições. A resposta afigura-se-nos afirmativa, por de igual modo ali valerem as mesmas razões que justificam este regime no processo comum, certo que também o RPE, na sua marcha normal, conhece a figura de gravação da audiência.

[362] O que não pode é haver mais do que uma *interrupção* da audiência para a inquirição de uma mesma testemunha faltosa (justificada ou injustificadamente), salvo o acordo de ambas as partes (artigo 630.º CPC).

[363] Cremos que esta comparência depende de requerimento da parte interessada, que indicou a testemunha faltosa; sendo aliás pressuposto da faculdade de poder requerer a sua substituição (artigo 629.º, n.º 3, alínea c), CPC). Temos, porém, como sobredito, muitíssimas reservas sobre a eficácia probatória desta *comparência coerciva* e, por isso, propugnamos o desincentivo do seu uso.

[364] Ou da respectiva ilha, no caso das Regiões Autónomas.

[365] V. artigo 623.º, n.ºˢ 1 e 3, do CPC.

inerentes a uma gestão mais eficaz dos actos na instância possam aconselhar a um *modus faciendi* um pouco distinto do apontado na lei. Assim, ao invés de se ouvir previamente o tribunal de origem, pode propor-se-lhe logo uma data para a audiência, com inquirição; aguardando depois a confirmação por ele da data ou da respectiva rejeição; e nesta última hipótese, procedendo depois à modificação da data inicialmente proposta.

3.3. Estabelece o artigo 11.º, n.º 4, do Decreto-Lei n.º 108/06 que o juiz recusa a inquirição quando considere *assentes* ou *irrelevantes para a decisão da causa* os factos sobre os quais recai o depoimento.

É uma causa de *rejeição da prova testemunhal*. Causa estranheza o motivo da sua autonomização expressa pela lei, no quadro do RPE. A nosso ver, dele se retira que o juiz está, em princípio, vinculado a aceitar todas as testemunhas que lhe são propostas pelas partes, independentemente de conhecer previamente os contornos dos conhecimentos de cada uma. Pode, porém, acontecer que o juiz efectivamente saiba que, para os factos propostos[366], aqueles depoimentos são absolutamente inócuos – seja porque tais factos são impertinentes à causa (nesse caso, nem serão seleccionados no momento próprio), seja porque, embora pertinentes, tais factos já estão provados plenamente nos autos (seja por acordo das partes, confissão ou prova documental). Nessa situação, outro acto não se justifica, que não seja rejeitar a inquirição[367].

Questão que pode colocar-se é a de saber se a indicação discriminada dos factos, sobre que recai a inquirição de cada testemunha, feita pelas partes nos articulados, pode ou não ser modificada na sequência da selecção da matéria de facto[368]. Tendemos a responder afirmativamente, não vislumbrando a este propósito qualquer preclusão; aliás a estratégia

---

[366] E que o têm de ser, nos termos dos artigos 8.º, n.º 5, e 9.º, n.º 2, alínea d), DL 108/06.

[367] O que aliás sempre resultaria das regras gerais do Código de Processo, mesmo sem esta autonomização normativa, que só tem o mérito de sublinhar uma realidade jurídica preexistente. Que os factos impertinentes não fazem parte do objecto da causa resulta, entre outros, dos artigos 508.º-A, n.º 1, alínea e), 511.º, n.º 1, ou 513.º, do CPC; que os factos assentes não são passíveis de prova decorre inequivocamente do artigo 646.º, n.º 4 CPC.

[368] Com base nesta, bem pode acontecer que muitos dos factos, para que foram indicadas testemunhas, venham a ser considerados assentes (por exemplo, por admissão por acordo); deixando só então de se justificar as inquirições.

probatória de cada uma das partes só pode ser conscienciosamente definida após o conhecimento certo dos factos a ter de provar, de acordo com a matéria concretamente seleccionada e as regras de repartição do ónus de prova. Tendemos, por isso, a entender que aquela discriminação dos factos nos articulados é provisória e meramente tendencial.

Finalmente, também nos parece que esta *recusa da inquirição* só há-de operar no momento de prolação do despacho de pronúncia judicial sobre os requerimentos probatórios formulados; isto é, só após a selecção de facto, mas previamente ao agendamento da audiência final – artigo 10.º, n.º 2, do Decreto-Lei n.º 108/06.

3.4. Ainda a respeito do *modo de produção da prova testemunhal* rege o artigo 12.º do Decreto-Lei n.º 108/2006, de 8 Junho, permitindo que *o depoimento possa ser prestado através de documento escrito*, datado e assinado pelo seu autor, com indicação da acção a que respeita e do qual conste a relação discriminada dos factos a que assistiu ou que verificou pessoalmente e das razões de ciência invocadas (n.º 1)[369].

A forma natural da produção de prova por testemunhas é a da *inquirição presencial* na audiência de julgamento. O regime deste depoimento consta essencialmente do artigo 638.º Código de Processo Civil de onde resulta que o interrogatório é feito pelo advogado que indicou a testemunha e que o outro advogado pode fazer-lhe as instâncias necessárias para completar ou esclarecer o depoimento; sem prejuízo de o juiz poder também fazer todas as perguntas convenientes ao apuramento da verdade.

Porém, como acontece que as partes já puderam indicar de forma discriminada *os factos* sobre que recai o depoimento da testemunha[370] e o juiz já pôde recusar a sua inquirição, quanto aos factos já assentes ou irrelevantes[371], mas aceitá-la quanto aos demais a que foi indicada, fica aberta a possibilidade de, com alguma eficácia (ao menos aparente ...), se conseguir obter o depoimento dela apresentado por escrito.

---

[369] No *Seminário de Outubro 2006* reconheceu-se a vantagem desta modalidade nos casos de prova extensa em que o juiz poderá *convidar* à utilização dos depoimentos escritos, reduzindo a fase de audiência de julgamento só à prestação de esclarecimentos que se justifiquem.
[370] V. artigos 8.º, n.º 5, e 9.º, n.º 2, alínea d), DL 108/2006.
[371] V. artigo 11.º n.º 4, DL 108/2006.

O Código de Processo, para as formas comuns, admite (todavia *excepcionalmente*) o depoimento prestado por escrito, nos termos do artigo 639.º do Código de Processo Civil[372]. Para tanto é preciso todavia que se verifique *impossibilidade* ou *grave dificuldade* de comparência no tribunal além, ainda, do *acordo* de ambas as partes[373]; além disso, está esse depoimento sujeito aos requisitos de forma elencados no artigo 639.º-A do Código de Processo Civil.

Também o Regime Anexo ao Decreto-Lei n.º 269/98, de 1 Setembro, – aplicável às acções declarativas destinadas a exigir o cumprimento de obrigações pecuniárias emergentes de contratos, de valor não superior à alçada da Relação[374] e de transacções comerciais[375], – admite o mesmo modo de prestação de depoimento testemunhal, no seu artigo 5.º. Embora aqui, apenas se a testemunha depoente tiver conhecimento de factos *por virtude do exercício das suas funções*.

Ora, o Decreto-Lei n.º 180/2006 vem institucionalizar, para o RPE, e em qualquer caso, como uma das *formas normais* da produção da prova por testemunhas, o *depoimento apresentado por escrito*. A testemunha pode, assim, apresentar documento escrito, por si datado e assinado, indicando a acção, e onde conste a relação discriminada dos factos[376] e das razões de ciência; além disso, deve mencionar a identificação da testemunha, as relações com as partes, o interesse na causa e o reconhecimento do dever de verdade sob pena de responsabilização criminal[377].

Quid juris se a testemunha for uma das que, nos termos do artigo 618.º, n.º 1, do Código de Processo Civil, se pode recusar a depor? Cremos que se essa testemunha avançar com um *depoimento escrito*, preterido fica o regime do n.º 2 daquele artigo 618.º, apenas com a

---

[372] V. art. 621.º, alínea f), do CPC.
[373] V. n.º 1 desse artigo 639.º.
[374] A redacção deste regime é a derivada do DL n.º 107/2005, de 1 Julho.
[375] Nos termos previstos no DL n.º 32/2003, de 17 Fevereiro.
[376] É curioso verificar a *extrema objectividade* que a lei pretende imprimir a este depoimento escrito – do documento, a entregar em juízo, o que deve constar é a relação discriminada dos *factos a que a testemunha assistiu* ou que *verificou pessoalmente* (art. 12.º, n.º 1); sendo estes – aparentemente – os únicos a relevar neste tipo de depoimentos testemunhais.
[377] É o n.º 2 deste artigo 12.º que, no essencial, repete o regime que, para o depoimento excepcional do CPC, o artigo 639.º-A, n.ºs 1 e 2, do CPC contém.

atenuante de que, se já depôs, *voluntariamente* e por escrito, foi porque tinha uma vontade consistente em prestar esse seu depoimento. Já se optar pela *inquirição presencial*, naturalmente, há que fazer operar, de pleno, esse mesmo n.º 2 do artigo 618.º citado.

Distintamente do regime do Código de Processo Civil[378], mas à semelhança do regime anexo ao Decreto-Lei n.º 269/98[379], o Decreto-Lei n.º 180/2006 dispensa o reconhecimento notarial da assinatura do depoente[380]; o que nos parece ser indício seguro da *natureza normal* que se pretende atribuir a esta forma de prestação de depoimento testemunhal.

Importante é ainda a disciplina do n.º 3 deste artigo 12.º, estabelecendo que se necessário o juiz – oficiosamente ou a requerimento de qualquer uma das partes – pode determinar a renovação do depoimento na sua presença, isto é, presencialmente e em audiência. É, também aqui, o retomar de uma parte do regime já reconhecido no Código de Processo (artigo 639.º-A, n.º 4, *proémio*) e no Regime Anexo ao Decreto-Lei n.º 269/98 (artigo 5.º, n.º 3). Nesta situação, haverá um despacho *fundamentado* a determinar a presença da testemunha em audiência e esta será notificada para comparecer, sendo ouvida presencialmente ou por teleconferência, consoante as circunstâncias. O depoimento, neste caso, seguirá o regime normal dos mais depoimentos presenciais, em audiência.

Questão a colocar é a de saber, sendo esta uma *modalidade normal* de produção de depoimento testemunhal, quando é que ela deve ter lugar (?). Poderá o *documento escrito*, contendo o depoimento da testemunha, ser apresentado nos autos a todo o tempo?

Delimitado – ao menos tendencialmente – o objecto do depoimento no articulado, onde a parte indicou a testemunha, e conhecendo esta esse objecto[381], deverá fazer operar a sua faculdade de depor por escrito até ao

---

[378] V. artigo 639.º-A, n.º 3, do CPC.

[379] V. artigo 5.º, n.ºˢ 1 e 2, cit. DL.

[380] Importa lembrar que se dispensa também o *acordo das partes* que o artigo 639.º n.º 1 CPC exige.

[381] E como obtém a testemunha esse conhecimento? É outro problema que se pode levantar. Cremos que se a testemunha for indicada pela parte, sem mais, competirá a esta informá-la do objecto do seu depoimento (neste caso será, em princípio, a apresentar), devendo esclarecê-la da faculdade que lhe assiste de depor por escrito. Se for requerida a notificação da testemunha, cremos que deverá o tribunal, na notificação que lhe enviar, para comparecer, indicar ao mesmo tempo a faculdade que lhe assiste, de depor por

encerramento da discussão[382]. Julgamos, ainda, que se porventura a testemunha for *a notificar* pelo tribunal, para uma certa data, e pretender fazer uso do depoimento escrito deverá, até essa data, apresentar o documento com o depoimento ou, ao menos, dar a conhecer que pretende fazê-lo, dado que só assim permitirá afastar qualquer juízo de não comparência injustificada, dando a conhecer ao tribunal e às partes essa sua intenção[383].

Junto o documento escrito, com o depoimento, dele deve ser dado imediato conhecimento às partes, assim permitindo fazer funcionar os indispensáveis princípios de contraditório e de igualdade substancial (artigos 3.º n.º 3 e 3.º-A do Código de Processo Civil). Cada uma destas – se for caso – dirá o que tenha por conveniente; e porventura será até no operar desse contraditório que se permitirá suscitar as questões que justifiquem o requerimento de renovação presencial do depoimento, nos termos do artigo 12.º n.º 3 do Decreto-Lei n.º 108/06.

E pode o mandatário da parte – ele mesmo – proceder à junção do documento escrito, contendo o depoimento da testemunha que, no articulado, ele próprio indicou? Não vemos razão consistente para responder negativamente. O que nos parece é que haverá, sempre, de aguardar pelo despacho judicial incidente sobre o requerimento probatório – pois só esse despacho delimita e admite, ou não, os procedimentos probatórios concretos, por referência ao objecto da prova emergente da selecção da matéria de facto (v artigo 11.º n.º 4 do Decreto-Lei n.º 108/06) –; uma vez reconhecidos os factos da base instrutória e admitida a testemunha a prestar o seu depoimento, não há qualquer inviabilidade a que seja o mandatário a fazer a junção do documento escrito contendo o depoimento da testemunha. Contanto – naturalmente – com a salvaguarda dos requisitos formais desse documento e com o indispensável operar do contraditório da parte contrária.

---

escrito, e os factos sobre que se pretende recaia o seu depoimento (um pouco à semelhança do que, noutro quadro, estabelece o artigo 626.º, n.º 2, do CPC).

[382] Isto é, em nossa opinião, até ao início dos debates, a que se referem os artigos 14.º, n.º 3, DL 108/06 e 652.º, n.º 3, alínea e), do CPC. É o termo *ad quem* semelhante ao que está estabelecido no artigo 638.º-A, n.º 2, CPC para a apresentação da acta de inquirição de testemunhas por acordo das partes.

[383] Trata-se aqui de fazer operar, com algum alcance, o *dever de cooperação* que a todos atinge – também às testemunhas – e que consta, em geral, contido no artigo 519.º do CPC.

V – O paradigma da forma de processo no regime processual experimental

Estará o artigo 12.º confinado, apenas, aos depoimentos testemunhais ou será caso de poder ser estendido a outros depoimentos – em regra produzidos presencialmente na audiência – como, por exemplo, aos depoimentos de parte ou aos esclarecimentos verbais dos peritos?

A letra da norma aponta directamente, e apenas, para as testemunhas[384]. Ainda assim, cremos não ser de afastar completamente a possibilidade de aqui poder reconhecer outro tipo de depoimentos. As razões justificativas desta modalidade escrita, como normal na marcha do processo, podem aconselhar a que não seja considerado *inválido* o depoimento de uma das partes, que seja apresentado por escrito, e meramente por esta razão de forma[385].

Cumpre, finalmente, reconhecer que, ainda que todas as testemunhas da causa optem por depor por escrito, e embora se reconhecendo aqui também um dos mecanismos de agilização processual previstos no RPE, já não funciona qualquer benefício de natureza tributária[386] para as partes, distintamente do que acontece para outras situações semelhantes, a coberto do artigo 18.º do Decreto-Lei n.º 108/06[387].

3.5. Uma outra modalidade para a produção da prova por testemunhas, de que se quer incentivar o uso, é a da chamada *inquirição por acordo das partes*.

Não se trata, também aqui, de uma particular novidade, mas tão-só de apelar a um mecanismo, já instituído no Código de Processo[388] e segundo o qual, havendo acordo das partes, a testemunha pode ser inquirida pelos mandatários, no domicílio de um deles, devendo a inquirição constar de uma acta, datada e assinada por eles e pelo depoente, e da qual

---

[384] V., em especial, o n.º 2 com referência a *alguma relação de parentesco, afinidade, amizade ou dependência com as partes*.

[385] Veja-se que o Código de Processo, no seu artigo 557.º, n.º 2, *in fine*, permite – a título excepcional, para o caso de impossibilidade de comparência no tribunal –, também quanto à parte, que esta preste o seu depoimento por escrito, nos termos do artigo 639.º CPC.

[386] Ou outro benefício, como é o caso do cariz urgente estabelecido no artigo 9.º, n.º 5, e no artigo 13.º DL 108/06

[387] Como é o caso do cit. artigo 13.º DL 108/06.

[388] V. artigo 638.º-A do CPC. Este mecanismo, nas formas de processo comum, e tanto quanto sabemos, não teve grande adesão dos operadores judiciários. Desconhecemos aliás qualquer processo judicial em que dele haja sido feito uso.

conste a relação discriminada dos factos a que a testemunha assistiu ou que verificou pessoalmente e das razões de ciência invocadas[389].

A única novidade normativa, neste caso, é a de que se as partes apresentarem a acta de inquirição por acordo *de todas as testemunhas* o processo passa a ter carácter urgente (é o regime do artigo 13.º)[390]. Além disso, beneficiam ainda das vantagens tributárias estabelecidas pelo artigo 18.º do Decreto-Lei n.º 108/06.

A acta de inquirição das testemunhas pode ser apresentada até ao encerramento da discussão em 1ª instância[391]. E isto significa, desde logo, que ainda que *todas as testemunhas* sejam assim ouvidas, se não dispensa o acto de discussão e julgamento da causa[392]; este terá sempre lugar.

Questão é a de saber se, mesmo neste caso, intervém o tribunal colectivo, antes requerido por ambas as partes, ou se essa intervenção é prejudicada pelo facto de todas as provas haverem sido reduzidas a escrito, como estabelece o artigo 646.º n.º 2 alínea b) do Código de Processo Civil (?). Quer-nos parecer que, nesta situação, a intervenção do colectivo deixa, de facto, de se justificar. O motivo da admissibilidade dessa intervenção radica na maior objectividade da apreciação livre das provas produzidas, e não registadas nem escritas, dando assim maiores garantias às partes, em prejuízo de um recurso sobre a matéria de facto que aí não existe. Ora, se todas as provas constarem escritas nos autos, já as partes são premiadas com a admissibilidade deste recurso sobre matéria de facto (artigos 690.º-A, n.º 1, alínea b), *proémio,* e 712.º, n.º 1, alínea a), *proémio,* do Código de Processo Civil); deixando, portanto, de valer aquela exigência de maiores garantias de objectividade.

---

[389] É isto basicamente o que expressa o n.º 1 daquele artigo 638.º-A CPC.

[390] Sobre o carácter *urgente* do processo, já antes nos pudemos pronunciar. O que é que significa que *o processo passa a ter carácter urgente*? Significa, em primeiro lugar, que os respectivos actos hão-de preceder qualquer outro serviço judicial não urgente (artigo 9.º, n.º 5, *proémio,* DL 108/06). Significa, em segundo lugar, que os prazos judiciais são contínuos não se suspendendo sequer durante as férias judiciais (artigo 144.º, n.º 1, CPC). É portanto uma ideia de *aceleração processual,* de especial celeridade na marcha do processo, que se quer transmitir e implementar, baseada num estímulo do uso dos mecanismos de agilização processual previstos, neste caso, do mecanismo de inquirição das testemunhas por acordo das partes.

[391] É aqui a norma expressa do n.º 2 do mesmo artigo 638.º-A CPC.

[392] Cuja finalidade, aliás, não é só a da inquirição de testemunhas, como resulta do artigo 14.º, DL 108/06, ou, mais exaustivamente, do artigo 652.º (em particular dos seus n.ºˢ 2 e 3) do CPC.

Este artigo 13.º visa directamente a *marcha do RPE comum*, isto é, a acção alicerçada na tramitação do artigo 8.º do Decreto-Lei n.º 108/06. Para esta é que o normativo estabelece que, com a acta de inquirição por acordo de todas as testemunhas, o processo passa a ter carácter urgente.

Para a *marcha do RPE especial*, isto é, a acção apresentada conjuntamente pelas partes, é o artigo 9.º, n.º 5, *in fine,* que reconhece o carácter urgente ao processo, a partir do momento da apresentação da acta de inquirição por acordo de todas as testemunhas[393].

E pode haver outro tipo de declarações verbais – por exemplo, esclarecimentos de peritos ou depoimentos de parte – em que seja usada esta faculdade de inquirição por acordo das partes? Também aqui, não vemos inviabilidade consistente ao uso do mecanismo que – a nosso ver – pode ser ajustado e adaptado[394], a outros tipos de declarações, que não o meramente testemunhal.

4. A audiência final (artigo 14.º)

4.1. À *audiência final*, isto é, basicamente ao que o Código de Processo, para a forma comum ordinária, chama de *audiência de discussão e julgamento da causa*[395], reporta-se o artigo 14.º do Decreto-Lei n.º 108/2006.

---

[393] Esta *forma especial* – do artigo 9.º – é aliás premiada com uma outra causa geradora de urgência que a *forma comum* – do artigo 8.º – desconhece. A 1ª também será urgente se as partes não tiverem requerido a produção de prova testemunhal. E a 2ª? Aparentemente nesta – na comum – mesmo sem prova testemunhal o processo não deve ser considerado urgente (!). Não faz sentido – o processo seria urgente com prova testemunhal, inquirida por acordo; mas sem qualquer prova testemunhal deixaria de ser urgente... O argumento *a fortiori* releva aqui: por maioria de razão, se não forem arroladas testemunhas, o processo será urgente, em qualquer caso.

O que não compreendemos bem – como antes já deixámos registado – é que um processo em que *não haja que produzir prova testemunhal*, e meramente por isso, *seja urgente* – como parece – ainda que esse processo tenha prova por confissão, prova pericial, prova documental e prova por inspecção (!).

[394] Mais não seja, à luz das regras de adequação formal, tão caras ao RPE, e basicamente contidas no artigo 2.º do DL 108/2006 de 8 de Junho.

[395] Artigos 646.º a 657.º do CPC.

O modo do seu agendamento consta do artigo 10.º, n.º 3, do Decreto-Lei n.º 108/2006. Mas se o processo revestir carácter urgente[396] o agendamento da audiência há-de ainda preceder outros agendamentos relativos a processos não urgentes[397].

4.2. Que tribunal intervém na audiência de discussão e julgamento? A audiência é, ou não, gravada?

À *primeira pergunta* respondemos que, por regra, a discussão e julgamento são feitos com intervenção do *tribunal singular*; mas serão feitos com intervenção do tribunal colectivo se esta tiver sido requerida pelas partes. É o que dispõem os artigos 8.º, n.º 5, e 9.º, n.º 2, alínea e), do Decreto-Lei n.º 108/06. Propugnamos, porém, a ideia de que *só o acordo de ambas as partes* pode justificar essa intervenção, como acontece no regime da acção ordinária do Código de Processo (artigo 646.º, n.º 1). Questão é ainda a de saber se o colectivo pode intervir *em qualquer caso*, certo que o Código de Processo o restringe à forma ordinária. Como antes dissemos, parece-nos que não. Pese a construção abrangente da lei, sem excepções aparentes, julgamos que só acções declarativas de valor superior à alçada dos Tribunais da Relação, facultam às partes, no RPE, a intervenção do colectivo (artigo 106.º, alínea b), da LOTJ). Questão curiosa será ainda a de saber se pode o próprio tribunal – o juiz do processo – determinar *oficiosamente* a intervenção do colectivo, a coberto dos seus poderes-deveres atribuídos pela alínea a) do artigo 2.º, do Decreto--Lei n.º 108/2006 (?).

À *segunda pergunta* respondemos que, por regra, *a audiência não é gravada*; mas sê-lo-á se algumas das partes assim o requerer. As partes podem requerer a gravação *em qualquer caso*? Também aqui tendemos a responder negativamente. A gravação visa essencialmente permitir um recurso sobre matéria de facto; significa que se este for legalmente inviável – por exemplo, pelo reduzido valor da causa –, a gravação perde justificação. Pensamos assim que só deve permitir-se a gravação nos casos das acções em que se prefigure possível a interposição de recurso.

---

[396] V. artigos 9.º, n.º 5, e 13.º DL 108/2006. Como antes dissemos, cremos que esse carácter urgente também deve existir, na forma de processo comum do RPE (v. artigo 8.º DL 108/06) se as partes neste *dispensarem a prova testemunhal*, por identidade de razão com o normativo do artigo 9.º, n.º 5, e maioria de razão relativamente ao normativo do artigo 13.º.

[397] V cit. artigo 9.º, n.º 5.

Pensamos, ainda, estar vedada às partes cumularem o pedido de gravação com o da intervenção do colectivo[398]; embora o tribunal colectivo que intervenha sempre possa – ele mesmo – por razões de ajustamento concreto às especificidades da causa, determinar oficiosamente a gravação[399].

Trata-se de uma disciplina que vale, quer para o RPE comum (artigo 8.º, do Decreto-Lei n.º 108/06), quer para o RPE especial (artigo 9.º, do Decreto-Lei n.º 108/06). Pode porém dar-se o caso, naquele como neste, de *toda a prova constar escrita no processo*, seja porque todas as testemunhas, usando da faculdade do artigo 12.º do Decreto-Lei n.º 108/06, vieram apresentar depoimento por escrito, seja porque as partes apresentaram acta de inquirição por acordo de todas as testemunhas arroladas nos termos dos artigos 13.º ou 9.º, n.º 5, *in fine,* do mesmo Decreto-Lei. Neste caso, nem a gravação, nem o colectivo parecem justificar-se – aquela, pois salvaguardada, nesse caso, fica a possibilidade de recurso sobre matéria de facto[400]; esta, pois aparentemente por esse mesmo motivo é a lei que inviabiliza a intervenção do colectivo[401].

4.3. O n.º 1 do artigo 14.º do Decreto-Lei n.º 108/2006 prescreve que a falta das partes ou dos seus mandatários não constitui motivo de adiamento da audiência[402]; e que a audiência só será adiada em caso de justo impedimento.

Desde logo, importa reconhecer alguma perplexidade na referência *às partes*. Estas não têm, por regra, de comparecer à audiência e nem para isso são sequer convocadas[403]; deverão apenas comparecer se hou-

---

[398] Pela mesma razão que, no Código de Processo, essa cumulação está inviabilizada (artigo 646.º, n.º 2, alínea c), do CPC).

[399] V. artigo 522.º-B do CPC.

[400] V. artigo 712.º, n.º 1, alínea a), *proémio,* do CPC.

[401] V. artigo 646.º, n.º 2, alínea b), do CPC.

[402] É, neste extracto, uma norma semelhante à estabelecida para o Regime Anexo ao DL 269/98 (artigo 4.º, n.º 2).

[403] Mesmo na hipótese de convocação para efeitos conciliatórios nos parece que a presença sempre depende da vontade da parte. Ela pode não querer conciliar-se e pura e simplesmente não comparece – o que, a nosso ver, não merece qualquer juízo de censura – ou pode substituir a sua presença por uma procuração ao mandatário com poderes especiais para transigir. Seja como for, e salvo as hipóteses da convocação para esclarecimentos ou depoimento de parte, julgamos óbvio que a falta da parte não justifica qualquer adiamento ou outro efeito na marcha da audiência (v. artigos 651.º, n.º 7, e 509.º, n.º 2, do CPC).

verem de prestar o seu depoimento, mas mesmo aqui – e segundo o regime que já emerge de outros normativos[404] – essa falta nunca seria motivo de adiamento, iniciando-se a audiência com a produção das provas que logo pudessem produzir-se.

A única causa justificativa do adiamento da audiência, que o normativo autonomiza, é o da falta de um dos mandatários – ou de ambos – por justo impedimento[405]. Significa isto que, no início do acto, detectada a falta, logo ali se tem de formular o juízo do *justo impedimento*[406]; se o advogado falta, mas nada diz, a audiência prossegue; se falta, e no acto surge algum requerimento de justificação, é sobre este que aquele juízo irá ser formulado[407].

O que nunca há – por inerência à própria disciplina estabelecida – é um qualquer prazo concedido ao mandatário para justificar a falta; esta tem – para viabilizar o adiamento – de ser justificada, ou antes, ou no início, do próprio acto. *Quid juris* todavia se, por exemplo, algum advogado falta, por efectivo justo impedimento, que porém não cessa, nem lhe permite informar o tribunal em tempo útil, o que só vem a acontecer numa ocasião em que a audiência já está em decurso ou porventura até já cessou (?). Neste caso, julgamos que deve ser ajustado um regime

---

[404] V artigos 651.º, n.º 4, ou 629.º, n.º 2 (este, por identidade de justificação), do CPC.

[405] A disciplina, assim traçada, pressupõe o agendamento dentro das regras do artigo 10.º, n.ºs 3 e 4, do DL 108/2006. Problema poderá surgir se, não cumprindo o juiz o *acordo prévio* e marcando a data, sem ouvir os mandatários, um destes vier a faltar, sem justificação. A este respeito, pensamos que deverá ser por ocasião do agendamento inadequado do juiz que o mandatário *não ouvido* deverá reagir, suscitando em requerimento a omissão do acto e pedindo o reagendamento conforme à lei; se o não fizer, como que se conforma com a data marcada, para a qual não foi ouvido, ficando suprido o vício e consolidada a marcação. Neste caso, se faltar depois à audiência, julgamos que não há motivo para adiamento – salvo, claro está, o justo impedimento.

[406] Deve considerar-se *justo impedimento* todo o evento não imputável ao mandatário que obste à sua presença (artigo 146.º, n.º 1, do CPC). Julgamos, também, que o mandatário que alegue, neste contexto, o justo impedimento deverá ainda – sempre que possível – oferecer logo a comprovação respectiva (artigo 146.º, n.º 2, *proémio,* CPC). O juízo a realizar, para este efeito, é sumário e perfunctório, pouco exigente; demanda uma análise que não pode ir além da superficialidade. A junção de algum *princípio de prova* pode assim contribuir para legitimar, com mais consistência, o juízo de *justo impedimento* que se reconheça.

[407] Sobre a formulação deste juízo não poderá deixar de haver contraditório do mandatário que se encontre presente (artigo 3.º, n.º 3, CPC).

V – O paradigma da forma de processo no regime processual experimental 125

próximo àquele que consta do Código de Processo para a hipótese de o mandatário faltar – e a audiência vir a ter lugar na sua ausência – mas vier depois, em prazo, a alegar e provar que teve um motivo justificado que o impediu de poder comunicar em tempo útil a impossibilidade da sua comparência[408]. À semelhança do que neste acontece se, no quadro do RPE, falta um (ou ambos) dos mandatários, mas a audiência, ainda assim, se realiza – por não haver motivo para a adiar –, *ela deve ser gravada*, sendo registados os esclarecimentos e depoimentos que nela venham a ter lugar. Depois, se no prazo de dez dias[409], o advogado faltoso vier a alegar e demonstrar que não compareceu por um *justo impedimento* que o impediu de atempadamente informar o tribunal, deve poder esse advogado, após audição do registo, requerer a renovação de alguma ou algumas das provas produzidas.

Finalmente, cremos dever ter em conta que o n.º 1 deste artigo 14.º do Decreto-Lei n.º 108/06 pretende essencialmente criar um regime específico relativo – mas apenas – às faltas dos mandatários[410]. Logo, mantêm plena validade para o RPE outras causas de adiamento da audiência que o Código de Processo estabeleça, como é o caso, por exemplo, das emergentes das alíneas a) e b) do artigo 651.º, n.º 1, do Código de Processo Civil.

4.4. A marcha da audiência mantém-se, de igual modo, no quadro do Código de Processo, basicamente, à luz do normativo do artigo 652.º do Código de Processo Civil. Em regra, e nas situações comuns, iniciará com a tentativa de conciliação, a que se seguem os depoimentos de parte, esclarecimentos dos peritos, inquirição das testemunhas e debates dos advogados.

Se as partes não tiverem constituído mandatário, ou este faltar, a inquirição das testemunhas é efectuada pelo juiz – estabelece o n.º 2 deste artigo 14.º[411]. As partes só não constituem advogado se não for

---

[408] É o regime do artigo 651.º, n.º 5, do CPC.
[409] Com dúvidas, embora, avançamos com este prazo, que é o geral (artigo 153.º, n.º 1, do CPC), e por ser mais extenso do que aquele que, para situação próxima, adianta o artigo 651.º, n.º 6, do CPC; talvez, por isso, permitindo salvaguardar melhor as situações que, no concreto, se venham a verificar.
[410] Especialidade que o é no confronto com o regime geral, para a forma comum ordinária, do artigo 651.º, n.º 1, alíneas c) e d), e n.º 5, do CPC.
[411] É uma norma inspirada nas semelhantes que existem, para a forma comum sumaríssima e para a forma simplificada anexa ao DL 269/98 – v. artigos 796.º, n.º 3, do CPC e 4.º, n.º 4, Regime Anexo DL 269/98.

obrigatório[412]. Neste caso, ou se a audiência tiver lugar na ausência do advogado, as testemunhas que ele indicou têm de ser – naturalmente – inquiridas pelo juiz[413]; embora sempre sem prejuízo do contraditório a que haja lugar pelo mandatário da parte contrária, à que indicou a testemunha, e que participe na audiência.

4.5. Supondo que todas as testemunhas depuseram por escrito ou as partes apresentaram a acta de inquirição por acordo de todas as testemunhas arroladas, nem por isso é dispensada a audiência final.

Nesse caso – como antes dissemos – entendemos que a audiência seguirá presidida pelo juiz singular – naturalmente sem gravação – e destinar-se-á, num primeiro momento, à tentativa de conciliação das partes[414] e, depois, aos debates dos mandatários das partes[415].

4.6. Aos debates dos mandatários se reporta o n.º 3 do artigo 14.º do Decreto-Lei n.º 108/06. Finda a produção da prova – aí se diz – a discussão da matéria de facto e do aspecto jurídico da causa é oral e realiza-se em simultâneo[416].

Um e outro dos advogados – primeiro o do autor e depois o do réu – procurarão fixar os factos que devem considerar-se provados e aqueles que o não foram[417]; adiantarão, em seguida, no quadro fáctico por cada

---

[412] É o artigo 32.º, n.º 1, do CPC que fixa a regra dos casos em que é obrigatória a constituição de advogado. Se num destes casos não houver patrocínio, a consequência é estabelecida no artigo 33.º do CPC – isto é, no limite pode haver absolvição do réu da instância (se a falta for do autor) ou pode ficar sem efeito a defesa do réu (se for deste a falta). Estas regras são plenamente válidas no RPE.

[413] O interrogatório da testemunha é, em princípio, feito pelo advogado da parte que a ofereceu; o advogado da outra parte pode fazer-lhe, quanto aos factos sobre que tiver deposto, as instâncias indispensáveis para se completar ou esclarecer o depoimento (artigo 638.º, n.ºs 2 e 4, do CPC). No caso do RPE a situação ainda surge mais facilitada, posto que o objecto do depoimento de cada testemunha é, no essencial, conhecido por ter sido elencado pelas partes, aquando da respectiva indicação (artigos 8.º, n.º 5, e 9.º, n.º 2, alínea d), DL 108/06).

[414] V. artigo 652.º, n.º 2, do CPC.

[415] Repare-se que estamos no quadro do RPE, em qualquer uma das suas duas modalidades: quer na comum nascida e desenvolvida no contexto do artigo 8.º DL 108/06, quer na especial fundada no artigo 9.º DL 108/06.

[416] É um regime, também aqui, inspirado no processo comum sumaríssimo (artigo 796.º n.º 6 CPC) e no processo simplificado anexo ao DL 269/98 (artigo 4.º n.º 6).

[417] V. artigo 652.º, n.º 5, *proémio*, do CPC.

um pressuposto, a interpretação e aplicação da lei que, no seu entender, deve ser implementada na sentença final[418].

4.7. No RPE, com o encerramento dos debates dos advogados, encerra-se também a audiência final.

À semelhança do processo comum sumaríssimo[419] e do procedimento simplificado previsto em anexo ao DL 269/98[420], mas diferentemente dos processos comuns ordinário[421] e sumário[422], o RPE eliminou a fase da audiência consistente no *julgamento da matéria de facto*, que passa a ter lugar na sentença final[423].

Significa que, encerrada a discussão – entenda-se, findo o proferimento da alegação do último advogado[424] – e elaborada e assinada a competente acta da audiência, os autos são, pela secretaria do tribunal, feitos *conclusos* ao juiz titular do processo, a fim de proferir a sentença final.

Problemático irá ser o procedimento a adoptar no caso de intervenção do tribunal colectivo. É que parece inequívoco que o colectivo só vai intervir no julgamento da matéria de facto – abrangendo esta, quer o elenco dos factos, provados e não provados, quer a correspondente motivação. Para a questão jurídica, a competência pertence, em exclusivo, ao juiz singular.

Conclusos os autos ao juiz titular, deve este convocar a reunião do colectivo para deliberar – artigo 653.º, n.º 1, *proémio,* do Código de

---

[418] V. artigos 653.º, n.º 5, *in fine* e 657.º, *in fine,* do CPC.
[419] V. artigo 796.º, n.ºs 6 e 7, do CPC.
[420] V. art. 4.º, n.ºs 6 e 7, Regime Anexo DL 269/98.
[421] V. artigo 653.º do CPC.
[422] V. artigo 791.º, n.º 3, do CPC.
[423] V. artigo 15.º, n.º 1, *proémio,* DL 108/06.
[424] Este será, normalmente, o advogado do réu. De facto, memo no processo comum, o Código de Processo só reconhece possibilidade de réplica na acção ordinária (artigo 652.º, n.º 3, alínea e) *in fine,* CPC); excluindo essa possibilidade quer na acção sumária (artigo 790.º, n.º 1, CPC), quer na sumaríssima (artigo 796.º, n.º 6, CPC). As semelhanças e a inspiração sensível que, nesta matéria, o RPE vai buscar, em particular, à forma comum sumaríssima, conduzem-nos a pensar que os debates se limitam sempre a uma intervenção do advogado do autor, seguida de uma intervenção do advogado do réu.
Fica-nos a perplexidade de reconhecer algumas situações de relevo, em que a importância da pretensão reconvencional aconselharia a que o último advogado a intervir devesse ser o advogado do autor – situações que só podem ser corrigidas e adaptadas no quadro do novo e acentuado *dever de gestão e de adequação processual* pelo juiz do processo (artigo 2.º, alínea a), DL 108/06).

Processo Civil – e, tomada a decisão, deve ela ser integrada oportunamente no acto da sentença – artigo 15.°, n.° 1, do Decreto-Lei n.° 108/06 – que, desta maneira, irá ter de ser assinada – mesmo no conteúdo jurídico (?) – pelos três juízes que integram o colectivo.

Ficamos assim com uma única peça processual (a sentença) repartível em duas partes distintas – *uma, decisão de facto*, da responsabilidade do tribunal colectivo, que por este vai ter de ser subscrita; *outra, decisão jurídica*, da responsabilidade do tribunal singular, assinada só (?) pelo juiz que a elabora.

Pior ainda se afiguram aqueles casos em que nem sequer o juiz singular, competente para a parte jurídica, é o mesmo de qualquer um dos três que compõem o tribunal colectivo que interveio na audiência e julgou a matéria de facto...

4.8. Pese embora a simplificação, algo ligeira, pretendida pelo RPE temos por certo que este *termo de conclusão* não pode significar a eliminação do momento decisório da matéria de facto, pressuposto no artigo 653.°, n.° 1, do Código de Processo Civil que, assim, se deve ter por integralmente subsistente na nova forma de processo. Seja o tribunal singular, seja o colectivo, certo é que ele vai ter de ponderar[425], fazer a livre apreciação das provas e decidir segundo a sua prudente convicção acerca de cada facto[426]. O conteúdo da decisão de facto também deverá continuar a obedecer aos ditames do n.° 2 do artigo 653.° citado.

Eliminada é sim – ao menos com os contornos actuais – a fase de reclamação das partes contra a decisão de facto[427]. Que não pode querer significar – em nossa opinião – que no RPE as partes perdem a faculdade de reclamar contra a deficiência, obscuridade ou contradição da decisão ou contra a falta da sua motivação. Nesta sede, parece-nos que o novo regime demanda uma aproximação à disciplina das reclamações contra a sentença, que o Código de Processo já prevê[428]. Assim, *notificada a sentença* à parte, pode ela – no prazo geral de dez dias – suscitar, em requerimento escrito, a sua reclamação contra a matéria de facto; a se-

---

[425] Nem é de afastar, no RPE, que o tribunal nesta fase se não julgue suficientemente esclarecido e, não obstante os autos conclusos para sentença, ainda determine a audição de outras pessoas ou a realização de mais diligências probatórias (artigo 653.° cit., n.° 1, *in fine*).
[426] V. artigo 655.° do CPC.
[427] V. n.° 4 do artigo 653.° cit.
[428] V. artigo 670.°, n.° 1, CPC.

cretaria do tribunal notificará a parte contrária; e em seguida é proferida uma decisão[429]. Se esta for de indeferir a reclamação, a sentença é mantida e o prazo para o recurso desta só começa a correr depois de notificada a decisão proferida sobre a reclamação[430]. Mas se a reclamação for acolhida, então a anterior sentença proferida há-de perder o seu valor e poderá até ter de ser substituída por uma outra sentença, esta reformulada à luz da *nova* e *corrigida* decisão da matéria de facto.

É uma inevitabilidade esta *outra* sentença. O RPE, inspirando-se no processo sumaríssimo, desconhece a autonomia – a chamada *cisão* – da decisão da matéria de facto sobre a decisão das questões jurídicas. A decisão de facto não surge senão como uma parte, um capítulo próprio, integrado na sentença final.

O funcionamento adequado deste regime, no processo sumaríssimo, tem que ver com a circunstância de neste não ser possível – salvo em casos raríssimos – a impugnação das decisões proferidas. Ora, esta inimpugnabilidade, que permite o conforto do regime no processo sumaríssimo, não se verifica no RPE onde seguramente esta eliminação da *cisão* entre *decisão de facto* e *decisão de direito* irá causar, na prática, bastantes dificuldades.

5. A sentença (artigo 15.º)

5.1. À *sentença* e ao modo da sua feitura, no (RPE) se reporta o artigo 15.º do Decreto-Lei n.º 108/2006, de 8 Junho. Trata-se de um normativo que é aplicável aos vários tipos de sentenças que podem surgir no quadro da marcha do processo declaratório – quer a sentença resulte de uma revelia operante[431]; quer se configure como o chamado saneador-sentença[432]; quer se trate da *normal* sentença proferida na sequência da audiência final[433].

---

[429] *Quid juris* se o tribunal que decidiu os factos é o colectivo? Não há senão como, mesmo já depois da sentença feita e notificada, voltar a convocar e reunir o *mesmo* tribunal colectivo, para decidir as reclamações.

[430] V. artigo 686.º, n.º 1, do CPC.

[431] V. artigos 484.º, n.º 2, *in fine*, e n.º 3, ou 784.º do CPC. O n.º 4 deste artigo 15.º, em análise, acha-se inspirado no que neste artigo 784.º se dispõe para a forma comum sumária (e também para a sumaríssima).

[432] V. artigo 510.º, n.º 1, alínea b), e n.º 3, *in fine*, do CPC.

[433] V., em especial, os artigos 658.º *in fine* e 659.º a 665.º do CPC.

Nos dois primeiros casos – revelia operante, emergente da não contestação do réu, e saneador-sentença – a marcha do processo não conhece uma verdadeira e própria *decisão sobre matéria de facto*. Em ambas as situações são os critérios legais que permitem discernir que *os factos estão provados* e, portanto, resta apenas – por aplicação de normas jurídicas[434] – concluir pela sua enumeração, que é feita sem mais na sentença.

O terceiro caso – que é o da marcha normal do processo – é o único que conhece aquela decisão[435], que no Código de Processo é autonomizada da sentença[436]. A regra geral – estabelecida no Código de Processo para a forma ordinária[437] – é a de que a matéria de facto é decidida por meio de acórdão ou despacho (se o julgamento incumbir ao juiz singular) e que a decisão declara, em 1.º lugar, quais os factos que o tribunal julga provados e quais os que julga não provados e, em 2.º lugar, analisa criticamente as provas e especifica os fundamentos que foram decisivos para a convicção do julgador[438]. Mais tarde, no contexto da fundamentação da sentença, o juiz limita-se a fazer o elenco dos factos que considera provados[439]; sendo estes basicamente os que assim resultam da oportuna decisão do tribunal; mas ainda, se for o caso, os que, independentemente do conteúdo dessa, constem nos autos admitidos por acordo e os provados plenamente por documentos ou por confissão reduzida a escrito[440].

Ora, no caso do RPE esta distinção – *decisão dos factos* e *discriminação dos factos* – não existe. E – diz este artigo 15.º, n.º 1 – a matéria de facto é decidida na própria sentença, podendo a discriminação dos

---

[434] Tratam-se de normas como, por exemplo, aquelas que no Código Civil estabelecem a força probatória plena de documentos (artigos 371.º, n.º 1, ou 376.º, n.º 1, CC) ou que dizem que a confissão judicial escrita faz prova plena contra o confitente (artigo 358.º, n.º 1, CC); ou ainda as que no Código do Processo dizem que se o réu não contesta se consideram confessados os factos articulados pelo autor (artigo 484.º, n.º 1, *in fine*, CPC) ou que se consideram admitidos por acordo os factos que não forem impugnados (artigo 490.º, n.º 2, *proémio,* CPC).

[435] Só aqui há verdadeira *decisão* pela circunstância do *só aí* o tribunal se ver obrigado a formular um juízo de apreciação livre das provas e de as julgar segundo a sua prudente convicção, como estabelece o artigo 655.º, n.º 1, do CPC.

[436] Salvo na forma comum sumaríssima (artigo 796.º, n.º 7, CPC).

[437] V. artigo 653.º, n.º 2, do CPC.

[438] O mesmo procedimento tem lugar, no essencial, na forma comum sumária (v. artigo 791.º, n.º 3, do CPC).

[439] V. artigo 659.º, n.º 2, do CPC.

[440] V. artigo 659.º, n.º 3, *proémio,* do CPC:

factos provados e não provados ser feita por remissão para as peças processuais onde estejam contidos[441]. Caímos então num regime onde o julgamento da matéria de facto[442] é feito num momento próprio, mas no interior da própria sentença final e aquando do proferimento desta[443]. Inequívoco, a este respeito, é porém que a decisão da matéria de facto, que se contém na sentença, não dispensa os critérios e formas de julgamento que o Código de Processo estabelece para as formas comuns; em especial a disciplina da segunda parte do art. 653.º n.º 2 do CPC, que se mantém plenamente aplicável ao RPE[444].

---

[441] É no essencial a disciplina da forma sumaríssima do processo onde a sentença também julga simultaneamente a matéria de facto e de direito (artigo 796.º, n.º 7, do CPC).

[442] É o *julgamento* e a *decisão*, no sentido a que acima já aludimos, isto é, supondo uma apreciação livre de provas e um juízo decisório alicerçado na prudente convicção (artigo 655.º cit.).

[443] É aqui aplicação *plena* da parte final do artigo 659.º, n.º 3, do CPC. A sentença a proferir no RPE há-de elencar os factos admitidos por acordo, os provados por documentos ou por confissão reduzida a escrito; e, ainda, dos controvertidos, assim escolhidos por ocasião do saneamento do processo, há-de elencar, de um lado, os que considera não provados, do outro, os que considera provados, *fazendo o exame crítico das provas produzidas* à luz da disciplina emergente dos artigos 655.º, n.º 1, e 653.º, n.º 2, do CPC.

[444] Com a especificidade de a discriminação dos factos – provados e não provados – poder ser feita por remissão para as peças processuais onde estejam contidos (artigo 15.º, n.º 1, *in fine,* DL 108/06). Esta peça processual será, em regra, a *base instrutória da causa,* onde se contêm o essencial dos factos controvertidos objecto do julgamento do tribunal.

Pergunta que se pode lançar é a de saber se *os factos considerados assentes,* por ocasião do saneamento (e que o normativo omite), também podem, ou não, ser discriminados por remissão para a peça processual onde estejam contidos (?). A resposta afigura--se-nos afirmativa, pese o redutor texto da lei; aliás, poderá até funcionar aqui o argumento da maioria de razão, posto que estes factos não são objecto de julgamento nem de decisão do tribunal (emergem, como antes dissemos, de pura aplicação do direito, sendo este que *ex lege* os considera provados).

Não vemos, porém, benefícios nesta possibilidade de *enumeração por remissão –* razões de clareza e de transparência impõem, em nossa opinião, que a sentença discrimine a *narração completa* dos factos que vão suportar a aplicação das normas jurídicas correspondentes. Este mecanismo vem, aliás, à revelia dos procedimentos mais habitualmente tidos por correctos na prática judiciária e representa o acolhimento do que até agora era particularmente censurado a muitos juízes da 1ª instância, quer pelos tribunais superiores quer ainda pelos serviços de inspecções judiciais que procediam à apreciação do seu trabalho.

5.2. A eliminação da autonomia da decisão da matéria de facto vem trazer na prática problemas se as partes – como é seu direito – pretenderem formular reclamações quanto ao decidido[445]. As dificuldades que assim surjam hão-de encontrar solução à luz de ajustamentos procedimentais que têm de ser realizados ao abrigo do dever de gestão processual, emergente do artigo 2.º, alínea a), do Decreto-Lei n.º 108/2006, de 8 de Junho.

Supondo que estamos num caso de intervenção de colectivo, pelo quadro traçado para o RPE sabemos que, ouvidas as testemunhas, o tribunal reúne e decide quais os factos provados e não provados. O juiz titular do processo elabora o projecto escrito dessa decisão de facto – que é não mais do que um mero extracto do que vai ser a sentença – e sujeita-o à consideração dos seus adjuntos; e aceitando-o estes, fica com esse projecto em carteira[446]. Quando fizer a sentença, introduzirá aquele projecto de decisão de facto, que então passa a ser decisão definitiva e parte essencial da própria sentença, no lugar próprio que lhe compete. Elabora o resto da sentença, aplicando o direito, que assina[447]. A sentença é notificada às partes que vão fazer uso da faculdade de reclamação, nos termos do artigo 653.º, n.º 4, *in fine,* do Código de Processo Civil.

Quid juris num caso destes? Como antes adiantámos, parece-nos que a situação deverá merecer tratamento muito semelhante àquele que se reconhece, no Código de Processo, para as hipóteses da arguição de algum dos vícios da sentença[448]. A secretaria do tribunal notifica a parte

---

[445] As partes têm o direito – que o RPE não lhes retira – de reclamar contra a deficiência, obscuridade ou contradição da decisão da matéria de facto, ou contra a falta da sua motivação. Apresentadas as reclamações – diz o artigo 653.º, n.º 4, *in fine,* do CPC – o tribunal reúne de novo para se pronunciar sobre elas.

[446] Retomamos, aqui, uma questão que o novo regime do DL n.º 108/2006 desconsidera mas que, na prática, irá seguramente suscitar dúvidas, desde que intervenha o colectivo, e que é a de saber como irá ocorrer a certificação da decisão de facto, que é tomada pelos três juízes do colectivo – irão os três assinar toda a sentença (?) – caso em que vão *subscrever* como sua também uma decisão, a de direito, que lhes não compete (a não ser que se entenda que o colectivo passa também a decidir de direito...) – ou irão só assinar a decisão de facto (?) – caso em que ficamos com a dificuldade de saber como é que, numa mesma peça processual, a sentença, numa parte vão três juízes assinar um extracto decisório, noutra parte da mesma peças só um juiz assina.

[447] É nula a sentença que não contenha a assinatura do juiz (artigo 668, n.º 1, alínea a), CPC).

[448] V., em particular, o artigo 670.º, n.º 1, do CPC.

contrária à que reclamou para responder; o tribunal, se for colectivo, terá de reunir de novo para se pronunciar sobre o reclamado[449]; e decidir-se-á. Se for indeferida a reclamação, consolida-se a sentença antes proferida; mas se a reclamação for acolhida, pode implicar a *inutilidade* da anterior sentença e a feitura de uma outra, uma nova sentença, feita agora à medida da nova decisão de facto reconvertida, após a decisão da reclamação tida lugar.

Vejam-se as consequências deste mecanismo. Desde logo, perde-se o efeito tradicional de que, proferida a sentença, logo se esgotava o poder jurisdicional do juiz (artigo 666.º, n.º 1, Código de Processo Civil); e cria-se uma outra excepção a este efeito – o da possibilidade de outra pronúncia jurisdicional consequente a uma reclamação da decisão de facto contida na sentença. Por outro lado, cria-se alguma perturbação ao nível da contagem do prazo para a interposição de recurso da sentença; e aqui cremos ser de ter um conta um regime próximo daquele que consta do artigo 686.º do Código de Processo Civil – assim, em regra, o prazo para recorrer só começará a correr depois de notificada a decisão sobre a reclamação, mas se – por exemplo – estiver já antes interposto recurso, a requerimento da parte contrária àquela que reclamou, pode até acontecer que este venha a tornar-se inútil se, por exemplo, a reclamação for acolhida e a *nova* decisão de facto conduzir a uma sentença *de jure* agora totalmente favorável à parte que anteriormente já recorrera.

5.3. O paradigma de (nova) forma de processo visa contornar a grande parte das dificuldades, que deixamos notadas, mediante o regime consistente na regra de a sentença dever ser de imediato ditada para a acta[450]; apenas não o sendo nos casos de manifesta complexidade.

Cria-se assim – à semelhança do acontece no procedimento comum sumaríssimo[451] e no procedimento simplificado anexo ao Decreto-Lei n.º 269/98[452] –, e de uma maneira que se nos afigura algo utópica, a regra geral de a sentença ser imediatamente ditada pelo juiz competente para a acta. É portanto a ideia de o juiz ser *a máquina de laboração contínua* que decide de imediato, sem necessidade de reflexão e de ponderação; a

---

[449] V. artigo 653.º, n.º 4, *in fine*, CPC.
[450] É o n.º 3 deste artigo 15.º, em análise.
[451] V. artigo 796.º, n.º 7, *in fine*, CPC.
[452] V. artigo 4.º, n.º 7.

ideia de um *decisionismo imponderado* onde o único valor que subsiste é o da máxima rapidez, quase a todo o custo, sem equacionar os riscos desse imediatismo à luz de um outro valor, esse sim, merecedor de relevo, da descoberta da verdade material dos factos.

Ou seja, haja gravação ou não, haja tribunal colectivo ou singular, seja como for, o tribunal decide tudo – os factos e o direito – e decide logo, imediatamente, para a acta; só lhe sendo lícito não o fazer se o caso concreto for de manifesta complexidade.

Parece-nos que se o regime da *imediata decisão para a acta* é normalmente compatível com as situações mais simples – como sejam aquelas inerentes ao procedimento comum sumaríssimo – já o não será tanto nas situações de normal complexidade e nas outras de complexidade elevada. Afigura-se-nos que a prática judiciária revelará esta realidade. O juiz, como é natural, carece de um certo período de reflexão[453] e, em particular, na abordagem da matéria de facto é conveniente que se deixem amadurecer, no seu espírito, as provas e os resultados que dela emergiram, como suporte e alicerce de um consciencioso juízo de livre apreciação.

A circunstância de o dever de gestão emergente do artigo 2.º do Decreto-Lei n.º 108/06 ser sempre o pano de fundo e a válvula de escape que permite a adaptação e o ajustamento dos procedimentos e dos actos aos casos concretos, não permite eliminar a distorção que representa a *regra geral* do imediatismo da decisão salvo a manifesta complexidade[454], quando a regra geral – pela natureza das coisas e, até, pelas exigências da justiça – deveria ser a desse imediatismo unicamente nas situações mais simples e compatíveis com um juízo rápido.

Casos de *manifesta complexidade*, a nosso ver, podem configurar-se como situações em que a *matéria de facto* demande particulares cuidados ou exigências, ou em que o material probatório seja de difícil abordagem, mas ainda situações em que a própria *questão de direito*, pela sua dificuldade, exija um peculiar e aturado estudo, seja das normas jurídicas, da doutrina ou da jurisprudência.

É, pois, um aspecto em que o dever de ajustamento cometido ao juiz mais deverá fazer-se sentir, assim permitindo corrigir distorções sensíveis

---

[453] Que, naturalmente, pode ser mais ou menos prolongado, consoante as exigências e a complexidade das situações, dos factos e até dos concretos procedimentos de prova que tenham lugar.

[454] Repare-se que a lei nem se basta com a complexidade dos casos, exigindo que ela seja *manifesta*.

da disciplina geral do RPE. Ousaríamos, aliás, adiantar até uma regra procedimental para a prática judiciária, no quadro da nova forma de processo, e consistente no seguinte – a de que, em regra, e salvo para as situações a que, tradicionalmente, corresponde a forma comum sumaríssima, ou outras semelhantes, será aconselhável, atento o artigo 15.º, n.º 3, mas no quadro do artigo 2.º, alínea a), ambos do Decreto-Lei n.º 108/ /2006, que a decisão – quer de facto, quer de direito – não apareça precipitadamente[455] nos autos[456], mas seja objecto da ponderação serena e da reflexão que em cada caso se justifique[457].

5.4. Quanto à *elaboração formal da sentença* resulta do n.º 2[458], em articulação com o n.º 3, deste artigo 15.º, em análise, que ela se inicia pela *identificação das partes*; seguindo-se a *matéria de facto*, com a discriminação dos factos provados e não provados, e a motivação da decisão de facto; depois a *fundamentação sumária do julgado*; e finalmente o extracto fundamental da sua *parte decisória*[459].

---

[455] É curioso notar, aliás, que na prática dos tribunais a excessiva rapidez na decisão – em particular da matéria de facto – é associada, muitas vezes, pelos mandatários das partes a imponderação e alguma leviandade da parte do juiz.

[456] Entenda-se – imediatamente para a acta.

[457] Como pode justificar-se – a nosso ver, deve – que, ainda que seja em acta, a *decisão de facto* seja antecipada e tenha alguma autonomia relativamente à *decisão de direito*. Assim, não nos choca – bem ao invés – que, terminada a discussão, o juiz discrimine os factos provados e não provados, bem como a sua motivação, questionando, em seguida, os mandatários das partes sobre a possibilidade de reclamação; e inexistindo esta, ou decidida, se existir, *só então*, se passando à questão jurídica e à formalização completa da sentença.

[458] Este n.º 2 parece ter sido inspirado no art. 484.º, n.º 3, do CPC que praticamente transcreve. Impõe-se todavia lembrar que esta norma do Código de Processo, aplicável à acção ordinária, tem dois pressupostos – a acção não ter sido contestada, sendo a revelia operante, e ainda que a resolução da causa revista manifesta simplicidade.

[459] Trata-se de uma simplificação acentuada daquilo que costuma a ser a sentença habitual, que se profere nas formas de processo comum, sumária e ordinária, e cujos requisitos constam basicamente contidos nos artigos 659.º e 660.º CPC (para a forma sumaríssima rege o artigo 796.º, n.º 7, CPC de onde resulta que *a sentença, julgando a matéria de facto e de direito, é sucintamente fundamentada*).

A sentença comum é, em regra, constituída por três partes.

A 1ª é o *relatório*, onde se identificam as partes e, sumariamente, o objecto do litígio (pedidos e seus fundamentos); é também onde se fixam as questões que ao tribunal cumpre solucionar – v artigo 659.º, n.º 1.

A 2ª é a *fundamentação*. Nesta, inicia-se pela abordagem das questões processuais que possam determinar a absolvição da instância, segundo a ordem imposta pela sua

No elenco da matéria de facto, começarão por se tomar em conta os factos provados emergentes da *matéria de facto assente*, seleccionada por ocasião da condensação, bem como – independentemente destes – os que nos autos haja admitidos por acordo, provados plenamente por documento ou por confissão reduzida a escrito (artigo 659.º, n.º 3, *proémio,* Código de Processo Civil). A seguir, tomar-se-ão em conta os factos controvertidos, emergentes da *base instrutória da causa*, discriminando nestes os provados e os não provados, e esclarecendo a respectiva motivação (artigo 15.º, n.º 1, Decreto-Lei n.º 108/06). Só assim fica completo todo o acervo factual pertinente à causa.

A fundamentação *sumária* reporta-se, a nosso ver, *apenas* ao que o artigo 659.º, n.º 2, *in fine,* do Código de Processo Civil designa por indicação, interpretação e aplicação das normas jurídicas. É que os factos têm de estar exaustivamente discriminados na sentença, embora o possam estar – como vimos – por mera remissão.

A lei acentua o extracto da decisão, dizendo mesmo que *a sentença se deve limitar à parte decisória*. Com isto significando, a nosso ver, a importância fundamental da *decisão final*[460] na sentença, que deve ser sempre exaustiva e inequívoca, não deixando margem a dúvida sobre aquilo que é a pronúncia concreta do tribunal no caso. Ao mesmo tempo, permitindo aligeirar, nos termos do normativo, mas ainda num quadro de gestão e adequação do acto às circunstâncias próprias e concretas de cada situação[461], as demais partes constituintes dela.

A *identificação das partes* deve referir, ao menos, os seus nomes e domicílios ou, sendo caso, das sedes[462].

Pese embora a letra da lei, a sentença também pode / deve conter – ao menos isso – os termos do pedido que é formulado pela parte, a tutela

---

precedência lógica – artigo 660.º, n.º 1. Segue-se a motivação de facto, consistente na enumeração exaustiva de todos os factos provados – artigo 659.º, n.º 2, *proémio,* e n.º 3. Finalmente, a indicação, interpretação e aplicação das normas jurídicas pertinentes, em ordem e como justificação à resolução de cada uma das questões que as partes tenham suscitado, e careçam de pronúncia judicial (em identificação com aquelas que foram indicadas na parte final do relatório) – artigo 659.º, n.º 2, *2ª parte,* e 660.º, n.º 2.

A 3ª é a *decisão final,* também chamada de dispositivo, dizendo da viabilidade ou inviabilidade de cada um dos pedidos formulados – artigo 659.º, n.º 2, *in fine.*

[460] A mesma que é suposta na última parte do artigo 659.º, n.º 2, CPC.
[461] Que é sempre o pano de fundo do RPE.
[462] À semelhança do que consta no artigo 467.º, n.º 1, alínea a), do CPC.

judicial concreta que é peticionada ao juiz; bem como as conclusões da oposição da parte contrária. Estas referências, a existirem, permitirão, com grande facilidade, fazer uma correspondência directa entre as *pretensões* formuladas pelas partes nos articulados e as *decisões* proferidas pelo juiz contidas no dispositivo – na decisão final – da sentença.

A *discriminação dos factos* – pese que feita por remissão – terá de ser sempre exaustiva, de modo a deixar por inequívoco que nenhum dos factos alegados pelas partes e com interesse para a decisão da causa foi ignorado pelo juiz. Em regra, a sentença procederá à transcrição dos *factos assentes*, seleccionados por ocasião da condensação da causa; depois considerará os factos da *base instrutória* e, quanto a cada um, procederá ao seu julgamento, dando-os por não provados – caso em que se passa a proceder como se não existissem –, ou dando-os por provados – caso em que os acrescentará ao elenco dos anteriormente assentes, e já transcritos –. Além disto, impõe-se ainda a motivação deste julgamento, nos termos do art. 653.º n.º 2 *in fine* do Código de Processo Civil. Renovamos aqui – outra vez – uma ideia que nos parece fundamental e não transigível – a de que em sede de fundamentação de facto não há lugar a sumariedade, antes se impondo o rigor e a exaustão.

A *fundamentação sumária do julgado* refere-se – já o dissemos – à motivação jurídica da decisão. Mas mesmo aqui temos muitas dúvidas sobre a bondade de uma solução, elevada a regra geral, que sempre é compatível com situações de simplicidade, mas que, nas demais, nem sempre é conciliável com os interesses e com as expectativas em presença[463].

5.5. Se no RPE, o réu for citado e não contestar, a fundamentação da sentença pode consistir na simples adesão aos fundamentos apresentados pelo autor, se destes resultarem as razões de facto e de direito em que se funda a decisão[464] – é o n.º 4 deste artigo 15.º do Decreto-Lei n.º 108/06.

É um caso de *sentença ainda mais simples* do que a comum do RPE. Em nossa opinião pressupõe-se – claro está – que o réu foi pessoalmente

---

[463] É sempre o pano de fundo, da gestão concreta, nas mãos do juiz, que tem de presidir aos casos. E, nesse quadro, aquilo que num, pode demandar tão-só uma motivação jurídica simples e sumária, noutro, pode exigir uma fundamentação mais atenta e uma construção jurídica mais aprofundada.

[464] O regime é inspirado no que, para a acção sumária, prevê o artigo 784.º do CPC.

citado na sua própria pessoa e que não contestou, com o efeito de se considerarem confessados os factos articulados pelo autor[465]. Pressupõe-se, por outro lado, que os factos alegados e as razões de direito, contidos na petição inicial, são suficientes para determinarem a procedência simples da acção e a condenação do réu no pedido formulado. Neste caso, é proferida logo a sentença[466], com os mesmos requisitos de forma, que a sentença comum do RPE[467], e apenas com uma especificidade – a de que a fundamentação, abrangendo agora matéria de facto[468] e matéria de direito[469], pode agora consistir, meramente, na adesão às razões de facto e de direito contidas naquela petição inicial.

5.6. Curioso é o normativo do artigo 15.º, n.º 6, do Decreto-Lei n.º 108/06. Se, na sentença, o juiz aderir a um acórdão de uniformização de jurisprudência, deve limitar-se a remeter para os seus fundamentos, indicando o local da sua publicação em jornal oficial.

Percebe-se mal a razão de ser desta disposição. Ela refere-se à motivação jurídica da sentença e quer fazer reconhecer, a par da anterior para as acções não contestadas, uma outra causa de *simplificação da fundamentação* (simplificação da *fundamentação geral* que é a *fundamentação sumária*) do julgado – se esta consistir na adesão de um acórdão uniformizador, então aí, nem necessário é a fundamentação *sumária*, basta uma nota de remissão para os termos do acórdão.

---

[465] Ou seja, supõe-se que se tratam de situações de revelia operante, com enquadramento nos artigos 483.º e 484.º, n.º 1, CPC, normas que mantêm plena valia no quadro do RPE. Se, porventura, o réu não contestar, mas ocorrer algumas das excepções estabelecidas no artigo 485.º CPC – que se aplica inequivocamente ao RPE – então não haverá lugar a sentença, mas à continuação do processo, em regra, para a fase de saneamento e depois para a da instrução e julgamento da causa.

[466] Quer-nos parecer, da letra do n.º 4 deste artigo 15.º, que não tem aplicação a parte inicial do artigo 484.º, n.º 2, do CPC. Também assim sugerem a ligeireza e a simplificação que se querem incutir à marcha do processo.

[467] Isto é, parece-nos que, mesmo esta sentença, deve iniciar com a identificação das partes e deve concluir com uma parte decisória, rigorosa e exaustiva, nos termos do n.º 2, *1ª parte,* deste artigo 15.º.

[468] Repare-se que não existe neste caso *decisão de matéria de facto* pelo juiz, mas mero reconhecimento de factos provados, por força de lei (artigo 484.º, n.º 1, CPC), e que por isso compete enumerar. Neste sentido, toda a motivação desta sentença é *motivação de direito*.

[469] Como vimos, do ponto de vista da *motivação de direito* o n.º 2 deste artigo 15.º já permitia que fosse meramente sumária.

Ao acórdão uniformizador se referem os artigos 732.º-A e 732.º-B do Código de Processo Civil. Comummente se lhes reconhece a qualidade de precedentes judiciais qualificados, com a autoridade e a força persuasiva que lhes advém do facto de serem decisões do Supremo Tribunal de Justiça, fruto de um julgamento ampliado de revista, isto é, efectuado pelo plenário das secções cíveis[470]. Em regra, os tribunais judiciais devem seguir a sua orientação; e se assim não fizerem, divergindo da sua orientação, a decisão que profiram admite sempre recurso[471].

Pois bem. Diante de uma situação concreta da vida em que seja pertinente a doutrina de um daqueles arestos, certamente e por regra que o juiz de julgamento não deixará de aderir a essa doutrina. Questão é que, na generalidade dos casos, *não é só* essa doutrina uniformizada que serve para fundamentar os alicerces da decisão final a que se chega; o mais comum é essa doutrina ter, ainda, de ser articulada e conjugada com outras razões jurídicas que se reflectem na situação e na decisão concretas; ora, aqui, é evidente que a motivação da sentença se não pode reduzir à simples remissão para os fundamentos do acórdão[472] e terá de fazer recurso a outros elementos, seja de lei, seja de doutrina, seja de (outra) jurisprudência.

Mas supondo um raríssimo caso[473] em que os fundamentos do acórdão de uniformização esgotassem a motivação jurídica da sentença, mesmo aqui não se vê interesse ou utilidade na estatuição legal. Aderindo o juiz à doutrina do acórdão, não vemos que fosse reproduzir – copiar – a argumentação dele; não conhecemos alguém que o fizesse, por clara-

---

[470] V. *Acórdão Relação de Évora 5 Maio 2005 in CJ XXX-3-245.*
[471] V. artigo 678.º, n.º 6, do CPC.
[472] Embora, como é óbvio, a motivação da sentença não vá deixar de *citar*, como um dos seus apetrechos essenciais à conclusão decisória em vista, o acórdão uniformizador concreto, bem como naturalmente o local da sua publicação no jornal oficial. O que não acontece nunca – e parece que o n.º 5 em análise julga que acontece... – é acompanhar essa *citação* com a reprodução, na *nossa* sentença, dos fundamentos propugnados no acórdão de uniformização...
É isto aliás que acontece sempre, na prática judiciária, e relativamente a qualquer decisão jurisprudencial pertinente que se entenda dever citar; ela é referida, sempre, em apoio de uma determinada corrente, e identificada pelo tribunal que a proferiu, data e – aspecto essencial – com o lugar da sua publicação.
[473] Que, precisamente, por *raríssimo* não nos parece justificar a autonomização de um preceito normativo.

mente desnecessário; o procedimento seria sempre – como sempre é e tem sido na prática judiciária dos tribunais – o de fazer a citação do acórdão e da sua doutrina uniformizadora, identificando-o com a data e local da sua publicação[474].

---

[474] De aduzir argumentos, especialmente consistentes e convincentes, tem o juiz que se desvie da doutrina do acórdão uniformizador. Este sim vê-se na contingência de desdobrar um a um os fundamentos do acórdão mas para os contrabalançar e destruir – sujeito como está ao recurso para o tribunal superior em qualquer caso.

VI – CONSIDERANDO FINAL

1. Em jeito de balanço, adiantamos que a nossa posição pessoal é de *fundadíssimas reservas* acerca dos resultados que o (novo) regime processual experimental possa atingir. O Decreto-Lei n.º 108/2006, de 8 Junho, parece alhear-se do que é *a efectiva realidade judiciária* e desconhecer o que seja *o processo judicial em acção*.

2. Ter por único critério (geral) delimitador da forma (única) de processo civil o de se tratar de uma causa *declarativa cível* parece-nos claramente desajustado – é tratar do mesmo modo um problema simples de dívida e uma discussão complexa de negligência médica; é – do ponto de vista estritamente legal – medir pela mesma bitola o caso do utilizador de telemóvel que não pagou o serviço durante alguns meses e o caso da empreitada de milhões envolvendo inúmeros empreiteiros e subempreiteiros.

Colocar nas mãos do juiz um poder – incerto e indeterminado – de, em todos os casos, *adoptar a tramitação processual adequada às especificidades da causa* é retirar aos demais intervenientes – em todos os casos – um mínimo de previsibilidade, de certeza e de segurança na marcha do processo; é induzir a um acréscimo de requerimentos das partes – ora requerendo, ora sugerindo – e de despachos judiciais – ora acolhendo, ora rejeitando; ora adoptando, ora ajustando –; é, na mesma medida, incentivar impugnações recorrentes, ao longo de todo o procedimento. Mais grave ainda, quase que se vislumbra um tipo de *demissão legal* remetendo ao juiz um conjunto de poderes, algo vagos e indefinidos, que abrem o caminho à sua *futura responsabilização* pelo (mais do que previsível) mau resultado do inovatório regime (felizmente ainda) experimental.

Insistir na prática electrónica dos actos processuais é *persistir* no erro de querer resolver problemas produzindo leis (impraticáveis) e desconhecer o que são as reais condições de trabalho nos tribunais.

Consagrar a *grande* novidade da *agregação de acções* como se encontrada fôra uma chave para a resolução de muitos problemas é ser ingénuo. A prática comprovará – estamos convictos – a impraticabilidade, no essencial, deste novo mecanismo.

Institucionalizar uma *prática de actos em separado* no mesmo processo é pouco mais do que apelar ao que a generalidade dos juízes já hoje, sem necessidade do novo regime, faz nas tarefas respectivas de gestão dos processos, da sua agenda e do seu trabalho.

Simplificar a fase dos articulados, reduzir as possibilidades de intervenção das partes no processo, limitar sem critério razoável os meios de prova, pouco mais representa – em muitos casos – do que uma redução de direitos e faculdades, grande parte das vezes injustificada.

Prever a *apresentação conjunta da acção pelas partes* é, aqui também, o persistir num mecanismo que a prática judiciária e os seus operadores já há muito e repetidamente rejeitaram.

Prevenir, como regra, o *depoimento testemunhal escrito* é pouco mais do que nada, e pode até revelar-se contraproducente, certo que só em casos pontuais se dispensará a inquirição presencial. Já relativamente à *inquirição por acordo das partes* o (até hoje) inexistente uso do mecanismo – previsto no código de processo – fala por si.

Simplificar a *sentença* reduzindo-a – em todos os casos – a uma fundamentação *sumária* é absolutamente insensato e pode, até, ter implicações ao nível da preterição de preceitos constitucionais. E já para não falar na risível remissão para os fundamentos do acórdão de uniformização de jurisprudência.

Finalmente, *formular a decisão da causa principal no procedimento cautelar* só no campo de outro enquadramento de tutela cautelar – a querer manter aquele que nos rege, e deriva do Código de Processo, diremos absolutamente impraticável o mecanismo.

3. Enfim, hão-de ser o futuro e a prática dos *tribunais experimentais* a fazer a prova do bem ou do mal fundado do (novo) RPE.

Quanto a nós, preferíamos enganar-nos nas reservas que deixamos.

Mas a perspectiva é essa – aí fica. Ao menos como alerta, e porventura contributo, para a revisão que no Decreto-Lei n.º 108/2006 já se prevê (artigo 20.º, n.º 2).

ANEXO DE LEGISLAÇÃO

Decreto-Lei n.º 108/2006
de 8 de Junho

A realidade económico-social actual é consideravelmente diferente da que viu nascer o Código de Processo Civil. O sistema judicial, condicionado pelo recurso massivo aos tribunais por parte de um número reduzido de utilizadores e por uma tramitação processual desajustada a essa procura, clama há muito por soluções que promovam, de facto, o direito fundamental de acesso ao direito e a garantia de uma justiça em tempo razoável estabelecida na Constituição em favor das pessoas singulares e colectivas.

O presente decreto-lei cria um regime processual civil mais simples e flexível, que confia na capacidade e no interesse dos intervenientes forenses em resolver com rapidez, eficiência e justiça os litígios em tribunal.

Opta-se, num primeiro momento, por circunscrever a aplicação deste regime a um conjunto de tribunais a determinar pela elevada movimentação processual que apresentem, atentos os objectos de acção predominantes e as actividades económicas dos litigantes. A natureza experimental da reformulação da tramitação processual civil que aqui se prevê permitirá testar e aperfeiçoar os dispositivos de aceleração, simplificação e flexibilização processuais consagrados, antes de alargar o âmbito da sua aplicação.

Este regime confere ao juiz um papel determinante, aprofundando a concepção sobre a actuação do magistrado judicial no processo civil declarativo enquanto responsável
 pela direcção do processo e, como tal, pela sua agilização. Mitiga-se o formalismo processual civil, dirigindo o juiz para uma visão crítica das regras.

Duas regras gerais, com origens diferentes, mas que apontam para esta agilização, existem já no Código de Processo Civil – o princípio da limitação dos actos e o princípio da adequação formal, previstos, respectivamente, nos artigos 137.º e 265.º-A. Do dever de gestão processual agora estabelecido decorrem, para o juiz, os imperativos de adoptar a tramitação processual adequada às especificidades da causa e o conteúdo e a forma dos actos ao fim que visam atingir e de garantir que não são praticados actos inúteis, tendo ainda de fazer uso dos mecanismos de agilização processual que a lei estabelece.

Manifestação deste dever é a faculdade concedida ao juiz de, uma vez concluso o processo para saneamento, conhecer das excepções dilatórias e nulidades processuais suscitadas pelas partes ou que deva apreciar oficiosamente, julgar de imediato a causa se o estado do processo o permitir, convocar a audiência preliminar para selecção da matéria de facto ou exercício do contraditório ou designar o dia para a audiência de julgamento. O conjunto de actos previstos neste artigo não é, sequer, taxativo, podendo o magistrado praticar no processo qualquer acto ou diligência que lhe pareça mais adequado. Deve, pois, dirigir activa e dinamicamente o processo, tendo em vista a sua rápida e justa resolução e a melhor forma de organizar o seu trabalho.

O presente decreto-lei visa, por outro lado, concretizar o imperativo – gizado pela Resolução do Conselho de Ministros n.º 100/2005, de 30 de Maio, que aprovou o Plano de Acção para o Descongestionamento dos Tribunais – de assegurar um tratamento específico, no âmbito dos meios jurisdicionais, aos litigantes de massa, permitindo, designadamente, a prática de decisões judiciais que abranjam vários processos. Para o efeito, o novo regime processual acolhe uma figura nova, a agregação, que, norteada pelo citado dever de adequação da tramitação às especificidades da causa, pretende constituir uma alternativa à apensação sempre que, verificados os pressupostos desta, seja desaconselhável uma tramitação das causas totalmente conjunta. Tal como a apensação, a agregação pode ser requerida pelas partes ou, quando se trate de processos que pendam perante o mesmo juiz, oficiosamente determinada.

Através da agregação, permite-se que o juiz, em qualquer momento, pratique um acto ou realize uma diligência extensível a vários processos, sem que estes tenham de, no futuro, ser tratados conjuntamente. Trata-se, pois, de uma associação dos processos meramente transitória e apenas para a prática do acto em causa, sejam eles actos da secretaria, a audiência preliminar, a audiência final, despachos interlocutórios ou sentenças.

O acto a praticar conjuntamente pode circunscrever-se à realização de uma determinada diligência de instrução – como a inquirição de testemunhas arroladas em vários processos ou a prestação de esclarecimentos pelos mesmos peritos – ou à discussão, em audiência preliminar ou final, de uma única questão de facto ou direito comum a várias causas. Findo ou praticado o acto, os processos prosseguem individualmente a sua marcha. O juiz passa, portanto, a poder praticar «actos em massa», bastando que exista um elemento de conexão entre as acções e que da realização conjunta de um acto processual ou diligência resulte a simplificação do serviço do tribunal.

Em sentido inverso, mas com objectivo idêntico, quando tenha sido admitida a coligação inicial ou sucessiva, ou verificada situação prevista no n.º 4 do artigo 274.º do Código de Processo Civil, concede-se ao tribunal a possibilidade de determinar que a instrução, a discussão ou o julgamento se realizem separadamente se a tramitação conjunta se afigurar inconveniente ou a prática separada de certos actos proporcionar um andamento da causa mais célere ou menos oneroso para as partes ou para o tribunal. Pretende-se, desta forma, permitir ao tribunal dar a tais situações uma resposta menos rígida do que as actualmente previstas no n.º 4 do artigo 31.º e no n.º 5 do artigo 274.º do citado Código.

Na fase liminar, estão previstos apenas dois articulados, salvo quando seja deduzido pedido reconvencional, sem prejuízo do respeito pelo princípio do contraditório, quando sejam deduzidas excepções, que, consoante a análise que o juiz faça do processo, poderá ser observado na audiência preliminar ou na audiência final.

Com ganhos evidentes para a celeridade do processo, impõe-se a apresentação do requerimento probatório com os articulados, garantindo à parte a quem for oposto o último articulado admissível um prazo suplementar de 10 dias para alterar o seu requerimento probatório, sem prejuízo da faculdade, que permanece intocada, de adicionar ou alterar o rol de testemunhas até 20 dias antes do início da audiência final.

Esta fase liminar pode, no entanto, ser dispensada quando as partes apresentem a acção apenas para saneamento. Neste caso, além da petição conjunta, onde indicam, desde logo, os factos admitidos por acordo e os factos controvertidos, as partes requerem as respectivas provas e tomam posição sobre as questões de direito relevantes, ficando dispensadas do pagamento da taxa de justiça subsequente. Se, no processo apresentado para saneamento, não houver lugar à produção de prova testemunhal ou, havendo, for apresentada a acta de inquirição por acordo das testemunhas, nos termos previstos no artigo 638.º-A do Código de Processo Civil, ser--lhe-á aplicado o regime previsto no mesmo Código para os processos urgentes, além de ser reduzida a metade a taxa de justiça devida a final.

A inquirição das testemunhas por acordo é igualmente incentivada, ainda que não tenha havido apresentação conjunta da petição e contestação, através da redução a metade da taxa de justiça devida a final sempre que as partes apresentem a acta de inquirição de todas as testemunhas arroladas.

Admite-se também, com total amplitude, a prova testemunhal por depoimento escrito, sem prejuízo de o tribunal poder ordenar, oficiosamente ou a requerimento da parte contrária, a renovação do depoimento.

Impõe-se, por outro lado, que a marcação das diligências seja sempre efectuada mediante acordo prévio com os mandatários judiciais, o que permite vedar, correspectivamente e salvo justo impedimento, o adiamento da audiência de julgamento por falta das partes ou dos seus mandatários.

Importa salientar a norma que determina que a sentença se limite à parte decisória, precedida da identificação das partes e da fundamentação sumária do julgado, podendo a discriminação dos factos provados ser feita por remissão para os articulados, assim como o preceito que permite a adesão, por mera remissão, a um acórdão de uniformização de jurisprudência. Com o mesmo objectivo de simplificação do momento de prolação da sentença, esta deve ser de imediato ditada para a acta, salvos os casos de manifesta complexidade.

No âmbito dos procedimentos cautelares, e tendo em vista, nomeadamente, as situações em que a natureza das questões ou a gravidade dos interesses envolvidos não se compadece com a adopção de uma simples providência cautelar ou, diversamente, prescinde, por absolutamente inútil, da instauração de uma acção principal, permite-se que o tribunal, ouvidas as partes, antecipe o juízo sobre a causa principal, desde que considere que foram trazidos ao processo todos os elementos necessários para uma decisão definitiva.

De igual relevo é a consagração da tramitação electrónica em termos a definir por portaria do Ministro da Justiça, quer para os actos das partes quer para os actos dos magistrados e da secretaria, assim se permitindo a desmaterialização do processo judicial. Por outro lado, a citação edital passa a ser fcita através de anúncio em página informática de acesso público e, em certos casos, afixação de um único edital.

Na perspectiva de que os actos legislativos devem ser acompanhados de todos os aspectos infra-estruturais necessários à efectiva produção dos efeitos pretendidos, o presente regime introduz ainda duas importantes inovações. Em primeiro lugar, uma vez que alterações da lei de impacto relevante devem ser rigorosamente avaliadas e testadas, prevê-se a sua avaliação permanente e a respectiva revisão no prazo de dois anos a contar da data da sua entrada em vigor.

Em segundo lugar, assume-se que este tipo de alterações legislativas apenas será bem sucedido quando acompanhado pela necessária divulgação e formação junto dos operadores, de modo que as potencialidades do novo regime sejam integralmente concretizadas. A entrada em vigor deste regime será, pois, precedida pela formação intensiva dos seus destinatários, garantindo-se o conhecimento e a utilização efectiva dos mecanismos aqui previstos.

Foram ouvidos o Conselho Superior da Magistratura e a Ordem dos Advogados.

Foram promovidas as audições do Conselho Superior dos Tribunais Administrativos e Fiscais, do Conselho Superior do Ministério Público, da Câmara dos Solicitadores e do Conselho dos Oficiais de Justiça.

Foram ouvidos a título facultativo a Procuradoria-Geral da República, a Ordem dos Revisores Oficiais de Contas, a Câmara dos Técnicos Oficiais de Contas, o Conselho de Acompanhamento dos Julgados de Paz e o Centro de Estudos Sociais da Faculdade de Economia de Coimbra.

O anteprojecto de decreto-lei foi submetido a consulta pública.

Assim:

Nos termos da alínea *a)* do n.º 1 do artigo 198.º da Constituição, o Governo decreta o seguinte:

CAPÍTULO I
Disposições gerais

Artigo 1.º
Objecto

O presente decreto-lei aprova um regime processual experimental aplicável a acções declarativas cíveis a que não corresponda processo especial e a acções especiais para o cumprimento de obrigações pecuniárias emergentes de contratos.

Artigo 2.º
Dever de gestão processual

O juiz dirige o processo, devendo nomeadamente:
a) Adoptar a tramitação processual adequada às especificidades da causa e adaptar o conteúdo e a forma dos actos processuais ao fim que visam atingir;[1]
b) Garantir que não são praticados actos inúteis, recusando o que for impertinente ou meramente dilatório;
c) Adoptar os mecanismos de agilização processual previstos na lei.

CAPÍTULO II
Actos em geral

Artigo 3.º
Actos processuais

Os actos processuais, incluindo os actos das partes que devam ser praticados por escrito, são praticados electronicamente nos termos a definir por portaria do Ministro da Justiça.

Artigo 4.º
Distribuição

1 – A distribuição é feita diariamente.
2 – É criada a 11.ª espécie na distribuição, designada por referência ao número do presente decreto-lei.
3 – O disposto no n.º 1 aplica-se a todos os papéis sujeitos a distribuição.

Artigo 5.º
Citação edital

1 – A citação edital é feita pela publicação de anúncio em página informática de acesso público, em termos a regulamentar por portaria do Ministro da Justiça.

---

[1] A alínea *a)* do artigo 2.º tem a redacção rectificada pela Declaração de Rectificação n.º 48/2006, de 7 de Agosto.

2 – Quando o autor indique o réu como ausente em parte incerta, é também afixado edital na porta da casa da última residência que o citando teve no País.

3 – No caso de citação edital por incerteza das pessoas e quando estas sejam citadas como herdeiras ou representantes de pessoa falecida, é também afixado edital na porta da casa da última residência do falecido, se for conhecida, e no País.

4 – O disposto no presente artigo aplica-se a todas as acções em que há lugar à citação edital.

Artigo 6.º
Agregação de acções

1 – Quando forem propostas separadamente no mesmo tribunal acções que, por se verificar os pressupostos de admissibilidade do litisconsórcio, da coligação, da oposição ou da reconvenção, pudessem ser reunidas num único processo, pode ser determinada, a requerimento de qualquer das partes e em alternativa à apensação, a sua associação transitória para a prática conjunta de um ou mais actos processuais, nomeadamente actos da secretaria, audiência preliminar, audiência final, despachos interlocutórios e sentenças.

2 – A decisão de agregação e os actos que esta tem por objecto são praticados na acção que tiver sido instaurada em primeiro lugar ou, no caso de relação de dependência ou subsidiariedade entre os pedidos, na acção que tiver por objecto a apreciação do pedido principal.

3 – Nos processos que pendam perante o mesmo juiz, a agregação pode ser determinada oficiosamente, sem audição das partes.

4 – Nos processos que pendam perante juízes diferentes, a agregação ou a apensação deve ser requerida ao presidente do tribunal, de cuja decisão não cabe reclamação, não sendo aplicável o n.º 2 do artigo 210.º do Código de Processo Civil.

5 – A decisão de agregação deve indicar quais os actos a praticar conjuntamente e respectivo conteúdo e é notificada às partes, consoante os casos, com a convocação para a diligência conjunta ou com o despacho ou a sentença praticados conjuntamente.

6 – A decisão prevista no número anterior só pode ser impugnada no recurso que venha a ser interposto da decisão final.

7 – A secretaria informa mensalmente o presidente do tribunal e os magistrados dos processos que se encontrem em condições de ser agregados ou apensados.

Artigo 7.º
Prática de actos em separado

1 – Ocorrendo coligação inicial ou sucessiva ou a situação prevista no n.º 4 do artigo 274.º do Código de Processo Civil, pode o tribunal determinar, não obstante a verificação dos respectivos requisitos e ouvidas as partes, que a prática de certos actos se realize em separado, designadamente quando:
   a) Haja inconveniente em que as causas ou pedidos sejam instruídos, discutidos e julgados conjuntamente;
   b) A prática de actos em separado contribua para um andamento da causa mais célere ou menos oneroso para as partes ou para o tribunal.

2 – À decisão que ordena a prática de actos em separado aplica-se, com as necessárias adaptações, os n.ᵒˢ 5 e 6 do artigo anterior.

CAPÍTULO III
Processo

Artigo 8.º
Articulados

1 – Na petição inicial, o autor expõe a sua pretensão e os respectivos fundamentos.

2 – O réu é citado para contestar no prazo de 30 dias.

3 – Só há lugar a resposta quando o réu deduza reconvenção ou a acção seja de simples apreciação negativa, dispondo o autor do prazo previsto no número anterior.

4 – A petição, a contestação e a resposta não carecem de forma articulada nas causas em que o patrocínio judiciário não é obrigatório.

5 – Com os articulados, devem as partes requerer a gravação da audiência final ou a intervenção do colectivo, apresentar o rol de testemunhas e requerer outras provas, indicando de forma discriminada os factos sobre os quais recaem a inquirição de cada uma das testemunhas

e a restante produção de prova, podendo a parte a quem é oposto o último articulado admissível alterar, nos 10 dias subsequentes à respectiva notificação, o requerimento probatório anteriormente apresentado.

Artigo 9.º
Apresentação conjunta da acção pelas partes

1 – As partes podem apresentar a acção para saneamento, devendo, para o efeito, juntar petição conjunta.

2 – Na petição conjunta prevista no número anterior, devem as partes:
   a) Identificar os factos admitidos por acordo e os factos controvertidos;
   b) Tomar posição sobre as questões de direito relevantes;
   c) Formular as respectivas pretensões;
   d) Requerer as respectivas provas, indicando de forma discriminada os factos sobre os quais recaem a inquirição de cada uma das testemunhas e a restante produção de prova; e
   e) Requerer a gravação da audiência final ou a intervenção do colectivo.

3 – O réu que, notificado pelo autor antes de instaurada a acção com vista à apresentação de petição conjunta, recuse essa apresentação ou não responda no prazo de 15 dias renuncia ao direito à compensação, pela parte vencida, das custas de parte e, se o autor for a parte vencedora, a procuradoria é fixada no máximo legal.

4 – A notificação prevista no número anterior é remetida pelo correio, sob registo, e obedece a modelo aprovado por portaria do Ministro da Justiça, nela se especificando o pedido do autor, as disposições legais pertinentes, os benefícios da apresentação conjunta, o prazo para resposta e as cominações em que incorre o réu em caso de recusa.

5 – O processo apresentado nos termos do presente artigo tem carácter urgente, precedendo os respectivos actos qualquer outro serviço judicial não urgente, sempre que as partes não tenham requerido a produção de prova testemunhal ou a partir do momento em que apresentem a acta de inquirição por acordo de todas as testemunhas arroladas.

Artigo 10.º
Termos posteriores aos articulados

1 – Recebidos os autos, o juiz profere despacho saneador onde conhece imediatamente:
   a) De todas as excepções dilatórias e nulidades processuais suscitadas pelas partes ou que deva apreciar oficiosamente;
   b) Do mérito da causa, se o estado do processo o permitir.

2 – Quando não possa julgar de imediato a causa, o juiz ordena a prática das diligências ou dos actos necessários e adequados ao fim do processo em curso, designadamente:
   a) Convoca audiência preliminar, para selecção da matéria de facto ou exercício do contraditório;
   b) Designa dia para a audiência final.

3 – A marcação do dia e a hora das diligências é sempre efectuada mediante acordo prévio com os mandatários judiciais, só podendo estes opor-se à data proposta em virtude de outro serviço judicial já marcado, que devem indicar expressamente.

4 – Os contactos prévios necessários podem ser efectuados por qualquer meio, mas, obtido o acordo, a data da diligência é notificada a todos os que nela devam intervir.

Artigo 11.º
Instrução

1 – Os autores não podem oferecer mais de 10 testemunhas, para prova dos fundamentos da acção, aplicando-se igual limitação aos réus que apresentem a mesma contestação.

2 – No caso de reconvenção, para prova desta e da respectiva defesa, cada uma das partes pode oferecer testemunhas nos termos previstos no número anterior.

3 – Sobre cada facto que se propõe provar, a parte não pode produzir mais de três testemunhas, excluindo as que tenham declarado nada saber.

4 – O juiz recusa a inquirição quando considere assentes ou irrelevantes para a decisão da causa os factos sobre os quais recai o depoimento.

5 – As testemunhas são apresentadas pelas partes, salvo se a parte que as indicou requerer, com a apresentação do rol, a sua notificação para comparência ou inquirição por teleconferência.

Artigo 12.º
Depoimento apresentado por escrito

1 – O depoimento pode ser prestado através de documento escrito, datado e assinado pelo seu autor, com indicação da acção a que respeita e do qual conste a relação discriminada dos factos a que assistiu ou que verificou pessoalmente e das razões de ciência invocadas.

2 – No documento a que se refere o número anterior, que deve mencionar todos os elementos de identificação do depoente, este indica se existe alguma relação de parentesco, afinidade, amizade ou dependência com as partes ou qualquer interesse na acção e declara expressamente que o escrito se destina a ser apresentado em juízo e que está consciente de que a falsidade das declarações dele constantes o fazem incorrer em responsabilidade criminal.

3 – Quando entenda necessária, pode o juiz, oficiosamente ou a requerimento das partes, determinar a renovação do depoimento na sua presença.

Artigo 13.º
Inquirição por acordo das partes

Se as partes apresentarem a acta de inquirição por acordo de todas as testemunhas arroladas, o processo passa a ter carácter urgente.

Artigo 14.º
Audiência final

1 – Salvo justo impedimento, a falta de qualquer das partes ou dos seus mandatários não constitui motivo de adiamento da audiência.

2 – Quando as partes não tenham constituído mandatário judicial ou este não compareça, a inquirição das testemunhas é efectuada pelo juiz.

3 – Finda a produção de prova, a discussão da matéria de facto e do aspecto jurídico da causa é oral e realiza-se em simultâneo.

Artigo 15.º
Sentença e forma da fundamentação

1 – A matéria de facto é decidida na sentença, podendo a discriminação dos factos provados e não provados ser feita por remissão para as peças processuais onde estejam contidos.

2 – A sentença deve limitar-se à parte decisória, precedida da identificação das partes e da fundamentação sumária do julgado.

3 – Salvo em casos de manifesta complexidade, a sentença é de imediato ditada para a acta.

4 – Se o réu não contestar, a fundamentação pode consistir na simples adesão aos fundamentos apresentados pelo autor, quando destes resultem as razões de facto e de direito em que se funda a decisão.

5 – Se o juiz aderir a um acórdão de uniformização de jurisprudência, deve limitar-se a remeter para os seus fundamentos, indicando o local da sua publicação em jornal oficial.

CAPÍTULO IV
Procedimentos cautelares e processos especiais

Artigo 16.º
Decisão da causa principal

Quando tenham sido trazidos ao procedimento cautelar os elementos necessários à resolução definitiva do caso, o tribunal pode, ouvidas as partes, antecipar o juízo sobre a causa principal.

Artigo 17.º
Remissão

O regime previsto nos artigos 3.º e 6.º aplica-se, com as devidas adaptações, aos procedimentos cautelares e às acções declarativas a que corresponda processo especial.

CAPÍTULO V
Disposições finais e transitórias

Artigo 18.º
Redução especial da taxa de justiça

1 – A taxa de justiça é reduzida a metade, não sendo devida taxa de justiça subsequente, quando as partes apresentem a acção nos termos do n.º 1 do artigo 9.º ou usem da faculdade prevista no artigo 13.º

2 – Havendo remanescente, é sempre dispensado o seu pagamento quando as partes apresentem a acta de inquirição por acordo de todas as testemunhas, nos termos do n.º 5 do artigo 9.º ou do artigo 13.º

Artigo 19.º
Formação

A aplicação do presente decreto-lei é precedida da realização de acções de formação sobre os mecanismos de agilização e gestão processuais nele previstos.

Artigo 20.º
Avaliação e revisão

1 – Durante o período de vigência do presente decreto-lei é garantida a respectiva avaliação legislativa através dos serviços do Ministério da Justiça competentes para o efeito.

2 – O presente decreto-lei é revisto no prazo de dois anos a contar da data da sua entrada em vigor.

Artigo 21.º
Aplicação no espaço

1 – O presente decreto-lei aplica-se nos tribunais a determinar por portaria do Ministro da Justiça.

2 – Os tribunais a que se refere o número anterior devem ser escolhidos de entre os que apresentem elevada movimentação processual, atendendo aos objectos de acção predominantes e actividades económicas dos litigantes.

Artigo 22.º
Aplicação no tempo

O presente decreto-lei aplica-se às acções e aos procedimentos cautelares propostos a partir de 16 de Outubro de 2006 e às acções resultantes da apresentação à distribuição de autos de injunção a partir da mesma data.

Visto e aprovado em Conselho de Ministros de 6 de Abril de 2006. — *José Sócrates Carvalho Pinto de Sousa — Alberto Bernardes Costa.*

Promulgado em 22 de Maio de 2006.

Publique-se.

O Presidente da República, ANÍBAL CAVACO SILVA.

Referendado em 24 de Maio de 2006.

O Primeiro-Ministro, *José Sócrates Carvalho Pinto de Sousa.*

Portaria n.º 955/2006
de 13 de Setembro

O Decreto-Lei n.º 108/2006, de 8 de Junho, procedeu à criação de um regime processual civil de natureza experimental, aplicável às acções declarativas entradas, a partir de 16 de Outubro de 2006, em tribunais a determinar por portaria.

Nos termos do n.º 2 do artigo 21.º desse diploma, os tribunais devem ser escolhidos de entre os que apresentem elevada movimentação processual, atendendo aos objectos de acção predominantes e actividades económicas dos litigantes.

Para dar cumprimento a este preceito, foram tidos em consideração indicadores associados à movimentação processual dos tribunais, conjugados com a respectiva dimensão e eventual sobrecarga. A partir desses indicadores, foi possível estimar a maior ou menor adequação de cada tribunal ao propósito visado, de forma a alcançar as condições óptimas para testar e aperfeiçoar os dispositivos de aceleração, simplificação e flexibilização processual consagrados.

Os objectos de acção predominantes nos tribunais escolhidos reflectem a caracterização nacional: em primeiro lugar estão as acções que têm por objecto actos, contratos e outras obrigações; em segundo, e raramente com grande diferença, as que têm por objecto o cumprimento de contrato e outras obrigações, sobretudo uma dívida civil ou comercial. No que à actividade económica dos litigantes – em especial, a dos autores – respeita, em todos estes tribunais prevalece o sector de comércio por grosso e a retalho, seguido dos sectores de transportes, armazenagem e comunicações, de actividades financeiras e de actividades imobiliárias, aluguer e serviços prestados às empresas. Pela acuidade que esta descrição apresenta nos foros situados nas áreas metropolitanas de Lisboa e do Porto, centros urbanos onde se concentra a maior parte da litigância cível, teve--se ainda em conta a localização geográfica dos tribunais.

Por último, atendeu-se igualmente às diferentes amplitudes de competência dos tribunais, aferidas em função da sua competência cível específica e da existência de tribunais de competência especializada na circunscrição em causa. Obteve-se, deste modo, um conjunto de tribunais que – apresentando como denominador comum a competência para processos de natureza exclusivamente cível, salvo os da competência dos tribunais de família e menores, dos tribunais de comércio e dos tribunais marítimos – também espelha diferentes realidades da jurisdição cível, considerados o tipo e o objecto das acções de que conhecem.

Assim:
Manda o Governo, pelo Ministro da Justiça, ao abrigo do disposto no n.º 1 do artigo 21.º do Decreto-Lei n.º 108/2006, de 8 de Junho, o seguinte:

Artigo único
Aplicação no espaço

O regime processual experimental, aprovado pelo Decreto-Lei n.º 108/2006, de 8 de Junho, aplica-se nos seguintes tribunais:
- *a)* Juízos de Competência Especializada Cível do Tribunal da Comarca de Almada;
- *b)* Juízos Cíveis do Tribunal da Comarca do Porto;
- *c)* Juízos de Pequena Instância Cível do Tribunal da Comarca do Porto;
- *d)* Juízos de Competência Especializada Cível do Tribunal da Comarca do Seixal.

O Ministro da Justiça, *Alberto Bernardes Costa,* em 6 de Setembro de 2006.

Portaria n.º 1096/2006
de 13 de Outubro

O Decreto-Lei n.º 108/2006, de 8 de Junho, procedeu à criação de um regime processual civil de natureza experimental, aplicável às acções declarativas entradas, a partir de 16 de Outubro de 2006, nos tribunais a determinar por portaria.

Nos termos do artigo 9.º do referido decreto-lei, as partes podem apresentar a acção para saneamento, devendo, para o efeito, juntar uma petição conjunta.

Com vista à apresentação desta petição, o n.º 3 prevê a notificação do réu pelo autor antes de instaurada a acção. O réu que a recuse ou não responda no prazo de 15 dias renuncia ao direito à compensação, pela parte vencida, das custas de parte e, se o autor for a parte vencedora, verá a procuradoria ser fixada no máximo legal.

Acrescenta o n.º 4 do artigo 9.º que a referida notificação, remetida por correio, sob registo, especifica o pedido do autor, as disposições legais pertinentes, os benefícios da apresentação conjunta, o prazo para resposta e as cominações em que incorre o réu em caso de recusa, obedecendo a modelo aprovado por portaria.

Assim:

Manda o Governo, pelo Ministro da Justiça e ao abrigo do disposto no n.º 4 do artigo 9.º do Decreto-Lei n.º 108/2006, de 8 de Junho, o seguinte:

Artigo 1.º
Objecto

É aprovado o modelo de notificação para a apresentação conjunta da acção pelas partes previsto no regime processual civil de natureza experimental criado pelo Decreto-Lei n.º 108/2006, de 8 de Junho, que consta do anexo à presente portaria e dela é parte integrante.

Artigo 2.º
Disponibilização e divulgação do modelo

O modelo referido no artigo anterior é disponibilizado no sítio http://www.tribunaisnet.mj.pt e deve ser divulgado aos utentes, de forma adequada, pelas secretarias judiciais.

O Ministro da Justiça, *Alberto Bernardes Costa,* em 9 de Outubro de 2006.

[Símbolo do Ministério da Justiça]

NOTIFICAÇÃO
APRESENTAÇÃO DE PETIÇÃO CONJUNTA
PARA RESOLUÇÃO DE LITÍGIO
Artigo 9.º, n.ºˢ 3 e 4, do Decreto-Lei n.º 108/2006, de 8 de Junho, e
Portaria n.º __/2006, de _____

Ex.ᵐᵒ⁽ᵃ⁾ Senhor(a)
[NOME DO DESTINATÁRIO]
[MORADA DO DESTINATÁRIO]
[MORADA DO DESTINATÁRIO]
[MORADA DO DESTINATÁRIO]

ESTA NOTIFICAÇÃO SIGNIFICA QUE UMA PESSOA OU ENTIDADE PRETENDE APRESENTAR UMA ACÇÃO EM TRIBUNAL CONTRA SI.[1]

PERANTE A RECEPÇÃO DESTA NOTIFICAÇÃO, TEM **DUAS OPÇÕES**:

1.ª Opção – Declarar por escrito que pretende apresentar a acção no tribunal conjuntamente com a pessoa ou entidade que pretende apresentar a acção contra si (requerente). Esta declaração tem de ser feita no **prazo de 15 dias** e deve ser dirigida à pessoa ou entidade que pretende apresentar a acção contra si (requerente) abaixo identificada. **Se o fizer**, pagará um valor reduzido de custas processuais.[2]

Depois de enviada esta declaração escrita, as partes devem realizar contactos para apresentar a acção em conjunto.

2.ª Opção – **Não responder ou recusar-se a apresentar a acção em conjunto.** Neste caso, perderá o direito à compensação pelas custas de parte (se ganhar a acção) ou pagará a quantia máxima a título de procuradoria (se perder a acção).[3]

---

[1] Acção declarativa cível sob a forma de processo prevista no Decreto-Lei n.º 108/2006, de 8 de Junho.

[2] "A taxa de justiça é reduzida a metade, não sendo devida taxa de justiça subsequente, quando as partes apresentem a acção nos termos do n.º 1 do artigo 9.º" (artigo 18.º, n.º 1, do Decreto-Lei n.º 108/2006, de 8 de Junho).

[3] "O réu que, notificado pelo autor antes de instaurada a acção com vista à apresentação de petição conjunta, recuse essa apresentação ou não responda no prazo de 15 dias renuncia ao direito à compensação, pela parte vencida, das custas de parte e, se o autor for a parte vencedora, a procuradoria é fixada no máximo legal." (artigo 9.º, n.º 3, do Decreto-Lei 108/2006, de 8 de Junho).

1. IDENTIFICAÇÃO DO REQUERENTE

Nome/Designação do/a requerente (*) : _____		
Endereço de correio electrónico : _____		
Domicílio / sede : _____		CP _____ - _____
Tel. : _____	Fax : _____	NIF : _____
Mandatário [4] : _____		Cédula profissional : _____
Endereço de correio electrónico : _____		
Domicílio profissional : _____		CP _____ - _____
Tel. : _____	Fax : _____	NIF : _____

(*): Havendo mais requerentes, utilize a folha de continuação, indicando o número total de folhas que constituem esta notificação.

2. ELEMENTOS ESSENCIAIS DA ACÇÃO

Tribunal competente	
Pedido	
Valor da causa	€ _____ (_____)

3. CASO OPTE POR APRESENTAR A ACÇÃO CONJUNTAMENTE COM O REQUERENTE, É ELABORADA UMA SÓ PETIÇÃO, NA QUAL DEVEM AS PARTES[5]:

a) Identificar os factos admitidos por acordo e os factos controvertidos;
b) Tomar posição sobre as questões de direito relevantes;
c) Formular as respectivas pretensões;
d) Requerer as respectivas provas, indicando de forma discriminada os factos sobre os quais recaem a inquirição de cada uma das testemunhas e a restante produção de prova; e
e) Requerer a gravação da audiência final ou a intervenção do colectivo.

_____ , ___ / ___ / 20___

Assinatura: _____

---

[4] Quando subscrita por mandatário.
[5] Artigo 9.º, n.º 2, do Decreto-Lei n.º 108/2006, de 8 de Junho.

(1)

Nome / Designação do requerente :	
Endereço de correio electrónico :	
Domicílio :	CP _____ - _____
Telf.: _____ Fax : _____	NIF : _____
Mandatário :	Cédula profissional : _____
Endereço de correio electrónico :	
Domicílio profissional :	CP _____ - _____
Telf. : _____ Fax : _____	NIF : _____

Nome / Designação do requerente :	
Endereço de correio electrónico :	
Domicílio :	CP _____ - _____
Telf.: _____ Fax : _____	NIF : _____
Mandatário :	Cédula profissional : _____
Endereço de correio electrónico :	
Domicílio profissional :	CP _____ - _____
Telf. : _____ Fax : _____	NIF : _____

Nome / Designação do requerente :	
Endereço de correio electrónico :	
Domicílio :	CP _____ - _____
Telf.: _____ Fax : _____	NIF : _____
Mandatário :	Cédula profissional : _____
Endereço de correio electrónico :	
Domicílio profissional :	CP _____ - _____
Telf. : _____ Fax : _____	NIF : _____

(2)

Nome / Designação do requerido :	
Endereço de correio electrónico :	
Domicílio :	CP _____ - _____
Telf. : _____ Fax : _____ BI : _____	NIF : _____

Nome / Designação do requerido :	
Endereço de correio electrónico :	
Domicílio :	CP _____ - _____
Telf. : _____ Fax : _____ BI : _____	NIF : _____

Nome / Designação do requerido :	
Endereço de correio electrónico :	
Domicílio :	CP _____ - _____
Telf. : _____ Fax : _____ BI : _____	NIF : _____

Portaria n.º 1097/2006
de 13 de Outubro

O Decreto-Lei n.º 108/2006, de 8 de Junho, procedeu à criação de um regime processual civil de natureza experimental, aplicável às acções declarativas entradas, a partir de 16 de Outubro de 2006, nos tribunais a determinar por portaria.

Importa agora, em conformidade com o artigo 5.º, regulamentar os termos da citação edital feita por publicação de anúncio em página informática de acesso público.

Assim:

Manda o Governo, pelo Ministro da Justiça, e ao abrigo do disposto no n.º 1 do artigo 5.º do Decreto-Lei n.º 108/2006, de 8 de Junho, o seguinte:

Artigo 1.º
Citação edital

O anúncio previsto no n.º 1 do artigo 5.º do Decreto-Lei n.º 108/2006, de 8 de Junho, é publicado no sítio da Internet de acesso público com o endereço electrónico http://www.tribunaisnet.mj.pt, sob a responsabilidade da Direcção-Geral da Administração da Justiça.

Artigo 2.º
Conteúdo do anúncio

1 – O anúncio especifica:
 a) A acção para que o ausente é citado, indicando o autor e, em substância, o seu pedido;
 b) O tribunal em que o processo corre, o juízo e a respectiva secção;

c) O prazo para defesa, a dilação e a cominação, explicando que o prazo para defesa só começa a correr depois de finda a dilação e que esta se conta da data de publicação do anúncio;
d) A data de publicação.

2 – Havendo lugar a afixação de edital, o anúncio reproduz o respectivo teor.

O Ministro da Justiça, *Alberto Bernardes Costa,* em 9 de Outubro de 2006.

NOTAS BIBLIOGRÁFICAS SOBRE O REGIME PROCESSUAL EXPERIMENTAL

1. Mariana França Gouveia, *Regime Processual Experimental Anotado – Decreto--Lei nº 108/2006, de 8 de Junho*, Almedina, 2006

2. Elísio Borges Maia e Inês Setil, *Breve comentário ao regime processual experimental aprovado pelo DL n.º 108/2006, de 8/6*, Revista Scientia Jurídica, Tomo LV – Nº 306 – Abril/Junho 2006 (páginas 313 a 346)

3. João Alves, *O Ministério Público no foro cível. A utilização do regime processual experimental do DL n.º 108/06, de 8/6.*; Revista Scientia Jurídica, Tomo LV – N.º 307 – Julho/Setembro 2006 (páginas 443 a 455)

4. Paulo Pimenta, *Breves considerações acerca do anunciado "Regime Processual Especial e Experimental"*, Boletim da Ordem dos Advogados n.º 40 Janeiro/Fevereiro 2006 (páginas 32 a 39)

5. António Santos Abrantes Geraldes, *Parecer do Conselho Superior da Magistratura sobre o Anteprojecto do Regime Processual Especial Experimental (aprovado em sessão plenária de 10 de Janeiro de 2006)*, Boletim Informativo, Conselho Superior da Magistratura, Dezembro 2006 (páginas 117 a 123)

6. Ricardo Nascimento, *Regime Processual Civil Especial e Experimental*, Verbo Jurídico, Outubro de 2006 (http://www.verbojuridico.net)

ÍNDICE

Prefácio	7
I – Introdução	9
II – Âmbito de aplicação do regime processual experimental	15
1. Âmbito objectivo (artigo 1.º)	15
2. Âmbito territorial (artigo 21.º)	17
3. Âmbito temporal (artigo 22.º)	17
4. Uma nova espécie na distribuição (artigo 4.º)	18
5. Regime processual experimental e *acções declarativas cíveis a que corresponda processo especial* (artigo 17.º)..........................	19
6. Regime processual experimental e *procedimentos cautelares* (artigos 16.º, 17.º e 22.º)	21
III – A natureza do regime processual experimental (artigo 2.º)	29
IV – Os actos processuais no regime processual experimental	43
1. A forma dos actos processuais (artigo 3.º)	43
2. Tipos de actos específicos do regime processual experimental ...	44
1) Agregação de acções (artigo 6.º)	44
2) Prática de actos em separado (artigo 7.º)	56
3. Actos tributários do regime processual experimental (artigo 18.º) ...	61
V – O paradigma da forma de processo no regime processual experimental	65
1. A fase dos articulados (artigos 8.º e 9.º)	65
1) Forma comum (artigo 8.º)	65
2) Forma especial – a apresentação conjunta da acção (artigo 9.º) ...	89
2. O saneamento e condensação (artigo 10.º)	97
3. A fase da instrução (artigos 11.º, 12.º e 13.º)	107
4. A audiência final (artigo 14.º)	121
5. A sentença (artigo 15.º)	129

VI – Considerando final 141

Anexo de Legislação 143
– Decreto-Lei n.º 108/2006, de 8 de Junho (rectificado pela Declaração de Rectificação n.º 48/2006, de 7 de Agosto) 143
– Portaria n.º 955/2006, de 13 de Agosto 157
– Portaria n.º 1096/2006, de 13 de Outubro 159
– Portaria n.º 1097/2006, de 13 de Outubro 163

Notas Bibliográficas sobre o Regime Processual Experimental 165